사는 게 힘드냐고
　　　　　니체가 물었다

사는 게 힘드냐고
니체가 물었다

피할 수 없는
내 운명을
사랑하는 법

박찬국 지음

21세기북스

차례

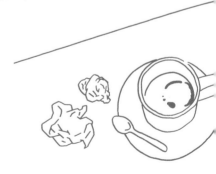

일러두기

1. 본문에 인용된 니체의 글 대부분은 저자가 직접 번역했습니다. 그 외의 경우에는
   책 뒤의 참고문헌에서 출처를 밝혔습니다.
2. 본문에 인용된 니체의 글 중에서 강조 처리한 부분은 원문 그대로 표시한 것입니다.

프롤로그

삶이 힘들 때
니체에게 묻고 싶은 10가지 질문

　　　　　　　암과 싸우다가 60세가 채 안 된
나이에 돌아가신 장영희 씨의 수필집《내 생애 단 한 번》을 읽던
중 헤밍웨이Ernest Hemingway의 소설《노인과 바다》에 대해 쓰신 글을
접했습니다.《노인과 바다》는 제가 고등학교 때 읽은 후 노인과 물
고기의 사투를 그렸던 소설 정도로 막연하게 기억하고 있던 책이
었는데, 장영희 씨의 글을 읽으니 이 책에는 니체 철학의 정수精髓
가 담겨 있다는 생각이 들었습니다.

　　이 소설에서는 망망대해에서 홀로 대어大魚와 목숨을 걸고 싸

우는 한 노인의 모습이 그려지는데, 장영희 씨는 대어와 노인의 싸움을 이렇게 묘사하고 있습니다.

> 망망대해에서 인간과 물고기가 벌이는 이 비장한 싸움에서는 승리나 패배라는 것이 있을 수 없고, 오직 누가 끝까지 비굴하지 않게 숭고한 용기와 인내로 싸우느냐가 중요하다. 물고기의 몸에 작살을 꽂고 밧줄을 거머쥔 채 물고기가 수면 위로 떠오르기를 기다리는 노인, 작살에서 벗어나기 위해 용틀임치는 거대한 물고기, 물고기와 노인의 이러한 팽팽한 대결은 서로가 목숨을 내놓고 싸우는 영예로운 싸움이다.

이러한 싸움이기에 노인은 자신의 적인 대어에게 사랑은 물론 동지애마저 느끼며 이렇게 외칩니다.

> 아, 나의 형제여, 나는 이제껏 너보다 아름답고, 침착하고, 고귀한 물고기를 본 적이 없다. 자, 나를 죽여도 좋다. 누가 누구를 죽이든 이제 나는 상관없다.

사흘 동안 밤낮으로 이어진 싸움 끝에 물고기는 죽어 물 위로 떠오르지만 노인은 승리감보다는 물고기에 강한 애정을 느낍니다. 하여 상어 떼가 물고기의 몸을 물어뜯을 때에는 마치 자신의 살점이 잘려나가는 듯한 고통을 받습니다. 장영희 씨는 이 소설에서 가장 유명한 구절은 물고기와 싸우면서 노인이 되뇌는 말, '인간은 파괴될지언정 패배하지 않는다Man can be destroyed, but not defeated'라고 이야기하고 있습니다.

왜 저는 이 소설에서 니체를 떠올렸을까요? 저는 니체가 생각하는 운명과 우리 자신 사이의 바람직한 관계, 인간들 사이의 바람직한 관계는 '사랑의 투쟁'이라는 말로 묘사할 수 있다고 생각합니다. 인간은 자신의 운명과 투쟁하고, 다른 사람들과 투쟁하는 과정 속에서 자신을 강화시키고 고양시킬 수 있습니다.

인생은 우리의 바람과는 상관없이 우리를 엄습하는 운명들로 점철되어 있습니다. 어떤 부모에게서 태어날지, 어떤 외모와 지능을 갖게 될지, 어떤 병에 걸릴 것인지, 어떤 사람들을 만날 것인지 등 우리가 선택할 수 없는 것들은 너무도 많습니다.

인생은 이러한 운명과의 싸움입니다. 이러한 싸움에서 우리는 좌절하면서 자신이 부딪힌 운명이 다른 사람들에게 주어진 운명에 비해 너무나 가혹했고 인생은 불공평하기 짝이 없는 것이라고 한탄할 수도 있습니다.

그러나 니체는 "위험하게 살아라. 베수비오 화산의 비탈에 너의 도시를 세워라"라고 외칩니다. 우리는 우리의 운명이 평온하기를 바랄 것이 아니라 베수비오 화산처럼 가혹해지기를 바라야 한다는 것입니다.

이러한 운명과 대결할 때 우리는 우리 자신을 보다 강하고 깊은 존재로 고양시킬 수 있습니다. 그리고 그렇게 되면서 우리는 이 가혹한 운명을 오히려 아름다운 것으로 사랑할 수도 있게 됩니다. 이때 우리는 《노인과 바다》에서의 노인처럼 자신의 운명에게 이렇게 소리칠 수 있을 것입니다.

아, 나의 형제여, 나는 이제껏 너보다 아름답고, 강인하고, 고귀한 상대를 본 적이 없다. 자, 나를 죽여도 좋다. 누가 누구를 죽이든 이제 나는 상관없다.

이런 의미에서 인간과 운명 사이의 바람직한 관계는 노인과 물고기 사이의 관계처럼 '사랑의 투쟁'이 행해지는 관계라고 할 수 있습니다. 니체는 인간들 사이의 바람직한 관계도 이러한 사랑의 투쟁이 되기를 바랐습니다. 이 경우 사랑의 투쟁이란 사람들이 서로 투쟁함으로써 서로를 고양시키고 상대에 대한 존경과 애정을 품게 되는 관계를 말합니다.

니체는 '투쟁은 만물의 아버지'라는 헤라클레이토스[Herakleitos]의 사상을 긍정적으로 받아들이고 있는데, 이때 니체가 염두에 두고 있는 투쟁은 모든 것들이 서로 투쟁하는 가운데 상대를 고양시키는 사랑의 투쟁이라고 보아야 할 것입니다.

근대는 사람들이 겪어야만 하는 운명의 부담을 가능한 한 줄여주려는 시대입니다. 자연마저도 과학과 기술을 통해서 인간을 위한 것으로 길들이고, 사회도 빈곤과 불평등을 줄여서 사람들에게 가능한 한 안락한 삶을 보장하려는 것이 근대의 경향입니다. 또한 근대는 사람들이 투쟁하지 않고 서로를 동정하고 도우면서 평온하게 사는 사회를 이상적인 사회라고 여깁니다.

니체는 이러한 근대적 경향에 대해서 온몸으로 저항한 사람입니다. 그는 인간이 진정으로 바라는 것은 안락과 길고 긴 연명이 아니라 자신이 고양되고 강화되었다는 느낌이라고 보았습니다. 그런데 이런 느낌이 존재하기 위해서는 가혹한 운명이 있어야 합니다. 물론 대다수의 사람은 그런 운명 앞에서 좌절할 수도 있습니다.

그러나 니체는 가혹한 운명과의 대결을 통해 소수의 인간은 보다 강하고 심원하며 아름다운 존재로 고양될 수 있다고 생각했습니다. 니체 자신도 두통, 위통 등 온갖 질병에 시달리는 험난한 운명의 삶을 살았지만, 그는 그런 질병을 통해 자신이 보다 심원해지고 보다 강해졌다고 이야기했습니다.

근대적 경향이 사람들에게 안락한 삶을 마련하는 것을 목표로 하고 있긴 하지만 오늘날의 세계에도 자신의 운명이 가혹하다고 느끼는 사람은 많을 것입니다. 왜 하필 나는 이런 병을 앓게 되었는가, 왜 나는 이 정도의 두뇌나 외모밖에 못 가지고 태어났는가 등 자신의 운명을 한탄하는 사람들은 많습니다. 물질적으로 풍요로운 이 세계에서도 사람들에게 인생은 힘겨운 것이어서 많은 이들이 운명과의 대결을 포기하고 자살로 도피하고 있습니다.

이런 상황에서 니체는 사람들에게 '그대의 운명이 평탄하기를 바라지 말고 가혹할 것을 바라라'라고 외치며, 그런 운명과 투쟁하면서 장렬하게 죽을지언정 패배해서는 안 된다고 말합니다.

잘 알려져 있다시피 니체는 여러 개의 얼굴을 가진 사상가입니다. 무정부주의와 같은 극좌적인 사상에서부터 나치즘^{Nazism}이나 파시즘^{Fascism}과 같은 극우적인 사상에 이르기까지 다양한 사조들이 니체를 자기편으로 끌어들이려 했고, 또한 그렇게 할 만한 여러 근거를 제공하고 있는 사상가가 바로 니체입니다.

그럼에도 저는 니체의 사유도정을 처음부터 끝까지 관통하는 핵심 사상이 있다고 생각합니다. 그것은 바로 험난한 운명에도 굴하지 않고 그것을 긍정하는 것을 넘어서 사랑했던 그리스 로마의 강건한 정신을 회복하는 것이었습니다.

이 강건한 정신은 고통을 피하는 것이 아니라 오히려 그것을 찾아다니고, 그것과의 대결을 통해 자신을 강화하고 고양시킵니다. 또한 자신에 필적하거나 자신보다 우월한 자를 찾아 그들과 대결함으로써 자신뿐 아니라 상대방도 고양시킵니다.

그러한 정신은 자신이 상대하는 것이 운명이든 다른 인간이
든, 설령 그것들에 의해 파괴되더라도 그러한 운명과 인간을 존중
하고 사랑합니다. 니체는 이렇게 강건한 정신을 '강함의 염세주
의'라고 일컬었습니다. 강함의 염세주의는 건강한 생명력을 주체
하지 못한 나머지 삶의 가혹함과 두려움을 찾아다니고, 우리의 공
포를 불러일으키는 것을 자신의 힘을 시험해볼 수 있는 호적수로
서 만나기를 원하는 도전적인 정신을 가리킵니다. 헤밍웨이의《노
인과 바다》에서의 노인이야말로 바로 이러한 '강함의 염세주의'를
체화한 사람이라고 할 수 있을 것입니다.

장영희 씨는《노인과 바다》에서 우리가 간과해서는 안 되는
또 다른 정신이 있다는 사실을 상기시킵니다. 그것은 스스로 위험
한 투쟁을 택하기보다는 남의 전리품을 약탈하는 손쉬운 방법을
택하는 상어 떼의 정신입니다. 상어 떼는 노인이 힘겹게 잡은 대어
에 달려들어 쉽게 그 고기를 뜯어 먹습니다.

장영희 씨는 이러한 상어 떼의 정신을 가리켜 '비열하고 천박
한 기회주의의 정신'이라고 부르고, 니체는 이렇게 쉽고 안락하게
만 인생을 살려는 정신을 '말세인들의 정신'이라고 일컫습니다.

정신력과 생명력의 고양을 위해 적어도 자신과 대등하거나 강한 자들과 투쟁하는 험난한 운명을 택하는 것이 아니라, 이윤과 안락을 확보하기 위해서 온갖 비열한 방법으로 약한 자들을 뜯어먹는 안이한 운명을 선택하는 자들을 니체는 경멸합니다.

저는 이 책에서 니체라면 우리가 사는 것을 버겁게 느끼면서 던질 수밖에 없는 여러 가지 질문들에 어떻게 답했을지를 생각해보았습니다.

많은 사람들은 니체가 주창하는 정신을 예수나 부처가 설파하는 사랑과 자비의 정신으로 해석하곤 합니다. 또한 헝가리의 철학자 루카치 György Lukács 와 같은 마르크스주의자들은 니체가 주창하는 정신을 약한 자들에 대한 지배와 정복을 정당화하는 제국주의의 정신으로 해석하기도 하지요.

그러나 저는 니체가 주창하는 정신은 예수나 부처식의 사랑이나 자비의 정신도 아니고 제국주의적인 정신 역시 아니라고 생각합니다. 그것은 약한 자들에 대한 사랑과 동정을 주창하는 근대인들이 망각하고 있는 강건한 정신으로, 고통과 험난한 운명을 자신의 고양과 강화를 위해 오히려 요청하는 패기에 찬 정신입니다.

그리고 이것이 바로 니체가 말한 초인^{超人}의 정신이라고 할 수 있습니다. 니체는 "초인이란 고난을 견디는 것에 그치지 않고 고난을 사랑하는 사람이며 고난에게 얼마든지 다시^{da capo} 찾아올 것을 촉구하는 사람이다"라고 말한 바 있습니다.

저는 이 책에서 니체의 이러한 정신을 분명히 드러내고, 그것이 오늘날 우리에게 어떤 의미를 갖는지를 보여주려고 했습니다. 삶의 모든 곳에서 경쟁이 치열하게 벌어지고 있는 이 시대를 어떻게 살아가야 하고 우리 사회를 어떤 식으로 변화시킬 것인지를 진지하게 고뇌하는 사람들이 니체와의 대화를 통해서 자그마한 해결의 실마리라도 발견하길 기대하며 서문을 마칩니다.

첫 번째 질문 :
"내 인생은 왜 이렇게 힘들기만 할까?"

편안함만을
바라는 사람에게
행복은 오지 않는다

초조가 세상을 뒤덮고 있다.
현대인들은 너나없이 자기 자신으로부터
달아나고 있기 때문이다.

인생은 욕망과 권태 사이를
오가는 시계추

사는 것 자체가 고통이라고 설
파한 철학자들이 있습니다. 쇼펜하우어^{Arthur Schopenhauer}가 그 대표적
인 사람이겠지만 철학 이전부터 존재해온 대부분의 종교들도 사
실은 우리네 인생을 고통이라 여깁니다. 그리스도교는 현세를 눈
물의 골짜기에 비유하고, 불교에서는 고해 세상이라고 부르는 것
만 봐도 알 수 있습니다.

군이 거창하게 철학이나 종교를 거론하지 않아도 누구나 한
번쯤은 사는 게 고통이라고 생각한 적이 있을 것입니다. 저 역시

상당히 염세주의적인 성향이 있어서 조금만 곤경이 닥쳐도 인생은 곧 고통이라고 한탄하곤 합니다.

앞서 이야기했듯이, 사는 게 왜 고통인지에 대해 철저하게 파고들어간 철학자가 바로 쇼펜하우어입니다. 그는 인생의 본질을 다음과 같은 단 한마디의 말로 정리했습니다.

인생은 욕망과 권태 사이를 오가는 시계추와 같다.

우리는 무엇인가를 끊임없이 갈구하는 욕망의 존재입니다. 맛있는 것을 먹고 싶은 욕망, 멋있는 이성異性을 내 것으로 만들고 싶은 욕망, 좋은 대학에 들어가고 좋은 직장을 얻고 싶은 욕망, 자식이 공부를 잘했으면 하는 욕망……. 이처럼 욕망은 우리 인생을 처음부터 끝까지 지배하고, 우리는 이러한 욕망을 충족시키기 위해 노력합니다.

이런 욕망들을 충족시키지 못할 때 우리는 결핍감으로 괴로워하지만, 정작 그것이 충족되더라도 만족감과 행복감은 그리 오래가지 않습니다. 만족감이나 행복감은 욕망이 전제되지 않는 한 그 자체로 성립할 수 없습니다. 다시 말해서 만족감이나 행복감은 욕망이 채워지는 과정에 불과하고, 따라서 그것들은 욕망이 채워지는 순간 사라지기 시작합니다.

　예를 들어 자장면이 먹고 싶다는 욕망에 시달리다가 마침내 그것을 먹게 되었을 때 우리는 행복감을 느낍니다. 그러나 이러한 행복감은 자장면을 먹고 싶어 했던 욕망이 채워지는 과정에 불과하기에 포만감을 느끼는 순간 사라지기 시작하고, 그것이 사라진 빈자리는 권태로 채워집니다. 이러한 권태는 한동안 지속되다가 우리의 욕망을 자극하는 새로운 사물이 나타나서 그것에 대한 욕망에 사로잡히게 될 때에야 없어집니다. 그리고 우리는 충족되지 못하는 욕망 때문에 다시금 괴로워하게 되겠지요.

　아이들이 장난감을 가지고 노는 광경을 보고 있노라면 쇼펜하우어의 말을 분명하게 이해할 수 있습니다. 매력적인 장난감을 보았을 때 아이는 그것을 갖고 싶은 욕망에 시달리게 됩니다. 그래서 부모님에게 사달라고 떼를 쓰고 경우에 따라서는 꾸중을 듣기도 하겠지요.

　그런데 그렇게 눈물겨운 노력 끝에 장난감을 갖게 되었을 때 아이가 느끼는 행복감은 그야말로 순간에 불과합니다. 아무리 비싸고 재미있는 장난감이라도 한 달이 채 안 가서 아이는 싫증을 내고, 장밋빛 행복감이 사라지면서 회색의 권태가 아이를 사로잡기 시작합니다. 아이는 이제 부모님에게 '심심해 죽겠다'라고 짜증을 내면서 자기를 좀 재미있게 해달라고 졸라댑니다. 그러다가 TV에서 자기가 가지고 있는 장난감보다 더 재미있어 보이는 새로운 장난감을 보게 되면 그것에 대한 욕망에 사로잡힙니다. 아이들은 자신의 느낌을 숨기지 않고 노출시키기 때문에, 아이들이 사는 모습을 보면 '인생은 욕망과 권태 사이를 오가는 시계추와 같다'라는 쇼펜하우어의 말에 공감하지 않을 수 없습니다.

그런데 이런 현상은 비단 아이들의 삶에서만 보이는 것일까요? 바뀌는 것은 단지 욕망의 대상에 불과할 뿐 어른의 삶도 아이들의 삶과 본질적으로 동일한 것은 아닐까요? 어른들은 아이들처럼 장난감을 탐하는 것이 아니라 보다 풍족한 생활이나 멋있는 이성을 갖고 싶어 합니다. 좁은 집에 사는 사람은 보다 크고 안락한 아파트를 갖기 원하고, 그것을 갖지 못한 자신의 처지를 한탄하면서 괴로워합니다. 그러나 그렇게 오랫동안 간절히 원했던 아파트

를 천신만고 끝에 마련한다 해도 그 만족감은 오래 지속되지 않습니다. 얼마 지나지 않아 새로운 아파트는 아무런 감흥도 주지 못하게 되며 우리는 다시금 권태에 휩싸이거나 보다 크고 안락한 아파트를 갖고 싶은 욕망에 빠지고 맙니다.

남녀 간의 관계도 마찬가지입니다. 마음에 드는 이성을 발견하면 우리는 그 사람의 사랑을 얻고 싶어 애가 끓습니다. 그러나 정작 그 이성의 사랑을 얻게 되었을 때 행복감은 그리 오래가지 않습니다. 둘은 얼마 안 있어 권태기에 접어들고 결국은 권태의 무게를 견디지 못한 나머지 보다 멋있게 보이는 이성을 향해 곁눈질을 하기 시작합니다. 이러한 사실만 생각해봐도 '인생은 욕망과 권태 사이를 오가는 시계추와 같다'는 쇼펜하우어의 말에 수긍하지 않을 수 없지요.

물론 쇼펜하우어의 말을 듣기 이전에도 우리는 쇼펜하우어가 설파하는 인생의 실상을 이미 어느 정도 감지하고 있었습니다. 다만 우리네 대부분은 쇼펜하우어처럼 분명하게 삶의 본질을 통찰하지 못한 채 그저 인생을 살고 있었을 뿐이지요. 하지만 쇼펜하우어의 단 한마디 말을 통해 인생의 본질은 새삼스레 우리 눈앞에

확연하게 드러나게 됩니다.

아마 이런 것이 철학과 과학의 다른 점이자 과학이 줄 수 없는 철학의 묘미일 것입니다. 과학은 우리가 전혀 알지 못했던 새로운 정보를 알려줍니다. 예를 들자면 생물학이 유전자를 발견하기 전까지 우리는 유전자에 대해서 전혀 알 수 없었습니다.

이에 반해 철학은 우리가 이미 삶 속에서 체험하고 있을 뿐 아니라 이미 어렴풋하게나마 이해하고 있는 것을 확실하게 개념화해서 우리 눈앞에 보여줍니다. 따라서 철학적 진리를 담은 말을 접하게 되면 우리는 '그런 말은 나도 얼마든지 할 수 있었는데 저 사람이 먼저 말해서 기회를 놓쳐버렸네'와 비슷한 생각을 하게 됩니다.

흔히들 제일 어려운 학문은 철학이라고 말하곤 하지만, 이런 사실을 고려해볼 때 철학은 오히려 가장 쉬운 학문이기도 합니다. 철학은 우리가 이미 흐릿하게나마 온몸으로 알고 있는 것을 분명히 보여주는 역할을 하기 때문입니다.

삶의 가치는
아무도 평가할 수 없다

쇼펜하우어가 말하는 것이 인생의 전부일까요? 정말 우리의 인생은 그런 것에 불과한 것일까요? 그렇다면 우리는 인생의 실상에 절망하면서 염세주의자가 될 수밖에 없을 것입니다. 쇼펜하우어는 설령 사후死後 세계가 있다고 해도 우리는 그곳에서 고통에 시달릴 것이라고 보았습니다. 모든 욕망이 충족된 천국에서는 권태로 인해 고통에 시달릴 것이고, 지옥에서는 온갖 결핍으로 인해 고통에 시달릴 것이라는 뜻입니다.

또한 그는 '우리가 살고 있는 세계는 우리가 생각할 수 있는 세

계 중에서 가장 악한 세계'라고 말했습니다. 쇼펜하우어의 이 말은
'이 세계는 생각할 수 있는 세계 중에서 가장 선한 세계'라는 라이
프니츠Gottfried Wilhelm Leibniz의 말을 패러디한 것이라고 할 수 있습니다.

라이프니츠는 이 세계는 선한 신이 창조한 것이기 때문에 가
장 완벽하고 선한 세계일 수밖에 없다고 했습니다. 인간이 이 세계
를 악하다고 생각하면서 불만을 품는 이유는 인간의 유한한 시각
으로 보기 때문일 뿐, 신적인 안목에서 보면 이 세계는 아름답기
그지없는 완벽한 세계로 나타난다는 것입니다.

하지만 쇼펜하우어는 이러한 라이프니츠의 생각을 터무니없
는 공상이라고 여겼습니다. 그는 인격적인 창조신創造神과 같은 것은
하나의 허구에 불과하다고 보았기 때문에 그러한 것을 끌어들여서
사유해서는 안 된다고 생각했습니다. 그는 우리가 인격신 따위를
끌어들이지 않고 정직하게 관찰한다면 이 세계는 갖가지 고통으로
가득 차 있는, 악하기 그지없는 세계로 나타난다고 보았습니다.

니체는 쇼펜하우어의 이런 염세사상에 대해 어떤 반응을 보
였을까요? 그는 한마디로 잘라 말합니다. "쇼펜하우어의 철학은
삶에 지친 연약한 자들의 넋두리다"라고 말이죠.

그는 우리가 세계라는 전체에 속해 있는 존재이기 때문에 그 세계의 좋고 나쁨을 평가하는 것은 불가능한 일이라고 생각했습니다. 우리가 일생 동안 어떤 숲에 갇혀서 나올 수 없다면 우리는 그 숲이 큰지 작은지, 혹은 좋은 곳인지 나쁜 곳인지 평가할 수 없습니다. 인간이 할 수 있는 모든 평가는 항상 비교에 입각해 있습니다. 여러 숲들을 다녀보았을 때에야 비로소 우리는 그것들을 서로 비교하면서 어떤 숲이 크거나 작다고, 또는 그 숲이 쾌적하거나 그렇지 않다고 평가할 수 있습니다.

그런데 우리는 이 세계를 벗어나서 다른 세계를 경험할 수 없기에 이 세계가 선한지 악한지를 평가할 수 없습니다. 그렇기에 우리가 이 세계를 두고 선하다느니 악하다느니 하는 것은 이 세계에 대한 객관적인 판단이 아니라 우리 자신의 생리적·심리적 상태의 표현에 불과하다는 것입니다.

세계에 대한 판단뿐 아니라 인생에 대한 판단도 마찬가지입니다. 우리는 인생 속에 있지 인생 밖에 존재하지 않습니다. 인생에 대한 가치판단을 내리자면 우리는 인생 밖에 서 있어야 하는데, 그 순간 우리는 이미 죽어 있는 것이고 죽은 자가 삶에 대해서 가치평가를 내린다는 것은 불가능한 일이겠지요.

　따라서 인생에 대한 가치평가도 불가능합니다. 인생은 아름답다든가 추악하다든가 하는 평가도 결국은 그러한 평가를 내리는 사람의 생리적·심리적 상태의 표현일 뿐입니다. 생리적으로도 심리적으로도 밝고 건강하여 행복감에 차 있는 사람은 인생이 아름답다고 하겠지만, 그와 반대로 어둡고 병들어 있고 우울한 사람은 인생이 추악하다고 이야기하겠지요. 니체는 이렇게 말하고 있습니다.

　삶에 대한 판단, 즉 삶에 대한 가치판단은 그것이 삶을 긍정하는 것이든 부정하는 것이든 궁극적으로는 결코 참일 수 없다. 그것들은 단지 증후로서만 가치를 지닐 뿐이며 증후로서만 고려될 수 있다. 그러한 판단들은 그 자체로는 우매한 것에 지나지 않는다. 다들 삶의 가치는 평가될 수 없다는 이 놀랍고 미묘한 사실을 파악하기 위해 노력해야만 한다. 살아 있는 인간에 의해서는 삶에 대한 가치판단이 불가능하다. 살아 있는 인간은 바로 논의의 당사자이자 심지어 논의의 대상이지 논의의 심판자가 아니기 때문이다. 죽은 사람의 경우에는 또 다른 이유로 그것이 불가능하다. 따라서 어떤 철학자가 삶의 가치에 대한 문제를 하나의 철학적인 문제로서 논의하려고 할 경우 그는 철학자라고 할 수 없게 되며, 그것은 그의 지혜에 대한 의문부호가 되고 무지가 되어버리고 만다.

이 세계에서 많은 곤란과 좌절을 겪으면서 삶에 지치고 병들어버린 인간은 세계를 추악하기 그지없는 곳이라고 생각하겠지만, 자신이 부딪히는 온갖 곤경을 자기발전의 계기로 삼으면서 그것에 감사하는 건강한 인간에게는 이 세계가 아름다운 곳으로 나타날 것입니다.

쇼펜하우어에 얽힌 다음과 같은 일화는 각자의 정신 상태나 보는 관점에 따라서 세계가 얼마나 다르게 보일 수 있는지를 말해줍니다. 물론 이 일화는 실제로 있었던 일이라기보다는 누군가가 쇼펜하우어의 염세주의 사상을 희화戱畵화하기 위해 만든 것으로 보입니다.

어느 날 쇼펜하우어가 친구와 함께 이른 아침에 산책을 하고 있었습니다. 그때 새 한 마리가 하늘을 날아가다가 똥을 쌌고, 그 똥은 마침 친구가 어제 새로 맞춰 입은 양복에 떨어졌습니다. 새똥으로 얼룩진 그 친구의 양복을 보면서 쇼펜하우어는 이렇게 말했습니다.

"거 봐, 내가 뭐라고 했나. 이 세계는 생각할 수 있는 세계 중에서 가장 악한 세계라고 하지 않았나?"

의기양양한 쇼펜하우어의 말에 친구는 이렇게 답했습니다.

"아니, 나는 전혀 그렇게 생각하지 않네. 이 세계는 그래도 괜찮은 세계야. 만약 새가 아니라 소가 하늘을 날아다닌다고 생각해보게."

쇼펜하우어의 친구가 말하듯이 소가 하늘을 날아다니면서 똥을 싸대는 것보다는 새가 하늘을 날아다니는 세계가 훨씬 좋은 곳으로 느껴지지 않나요? 세계가 어떤 곳인가에 관한 문제는 이처럼 관점에 따라서, 그리고 그 세계를 사는 우리의 정신상태가 어떠한가에 따라서 달라지기 마련입니다.

우리가 몰랐던
행복의 조건

쇼펜하우어는 인간은 안락하면
서도 오래 지속되는 생존을 추구함과 동시에 가능한 한 많은 감각
적 쾌락을 좇는 존재라고 보았습니다. 하지만 니체의 견해는 쇼펜
하우어의 생각과 다릅니다. 니체에 의하면 쇼펜하우어식의 인간
관은 물질적인 쾌락주의에 찌들어 있는 근대인의 인간관에 불과
하고, 쇼펜하우어가 묘사하는 인간에는 인간의 참된 모습이 반영
되어 있지 않습니다. 니체는 인간은 짧게 그리고 험난하게 살더라
도 자신의 힘, 다시 말해 자신의 생명력이 고양되었음을 느끼고 싶

어 하는 존재라고 봅니다. 단적으로 말해서 인간이 추구하는 것은
장수와 안락한 삶이 아니라 힘의 고양과 증대라는 것입니다. 니체
는 이렇게 말하고 있습니다.

> 그대들이 바라는 안락이라는 것은 우리들의 목표가 아니다.
> 그것은 우리들에게는 종말이라고 생각되는 것이다! 그것은
> 인간을 조소해야 할 것, 경멸해야 할 것으로 만드는 것이며,
> 인간은 그것에 의해서 자신의 몰락을 바라게 되는 것이다!

> 행복이란 무엇인가? — 힘이 증가되고 있다는 느낌, 저항을
> 초극했다는 느낌을 말한다.
> 만족이 아니라 보다 많은 힘, 평화가 아니라 전쟁, …… (후략)

우리가 힘이 증대되었다고 느끼려면 어떤 저항이 있어야 합
니다. 그 저항을 극복하는 것에 의해서만 우리의 힘이 강해졌다
고 느낄 수 있기 때문입니다. 이러한 저항에는 가난, 전쟁터에서의
적, 또는 예술가가 자신의 앞에 두고 있는 소재 등 여러 가지가 있

을 수 있겠지요. 인간은 이러한 것들과 싸우고 그것들을 극복하면서 자신의 힘이 증대되고 고양되었다고 느낍니다.

니체는 바로 이렇게 힘이 증대되었다는 느낌이야말로 행복이라고 말합니다. 니체는 우리 인간에게는 자신의 힘을 고양시키고 강화하고 싶어 하는 충동이 있다고 보면서 그것을 '힘에의 의지'라고 불렀습니다. 니체는 우리가 진실로 바라는 것은 단순히 안락하게 오래도록 연명하는 것이 아니라 자신의 힘을 증대시키는 것이라고 보는 것입니다.

이러한 힘에의 의지가 우리를 근저에서 추동推動하고 있기에 우리는 나폴레옹Napoléon Bonaparte 같은 사람을 보면서 경탄할 수 있고 미켈란젤로Michelangelo Buonarroti나 괴테Johann Wolfgang von Goethe와 같은 사람들을 보면서 자신도 그들처럼 무언가 위대한 것을 성취해보겠다는 야망을 가질 수 있습니다.

그런데 인간이 이렇게 무엇인가 위대한 것을 성취하면서 자신이 고양되었다고 느끼는 데 있어 가장 중요한 것은 바로 자신과 싸우면서 스스로를 극복하는 것입니다. 우리는 안일함을 추구하려는 자기의 성향과 투쟁하면서 자신에 대해서 승리를 거두어야 합니다. 이렇게 자기를 극복하려 하는 인간은 이 세상에서 부딪히는 모든 곤경을 오히려 그것과의 대결을 통해서 자신을 고양시킬 수 있는 기회로 여기면서 환영합니다.

> 가장 정신적인 인간들은, 그들이 가장 용기 있는 자들이라고 전제할 경우, 단연코 가장 고통스러운 비극을 체험하는 자들이기도 하다. 그러나 그들은 삶이 그들에게 가장 무서운 적대적인 모습을 드러낸다는 바로 그 이유로 삶을 존경한다.

이에 반해 '힘에의 의지'가 쇠약해지고 지쳐 병들어 있을 때면 인간은 편안함과 만족을 찾게 되고 자신과 투쟁하지 않으면서 사이좋게 지내는 것을 택하게 됩니다. 이런 사람들이 현실에서 여러 곤경을 겪게 될 때 이 세계는 그들의 안락함을 방해하는, 고통으로 가득 찬 세상으로 나타나게 됩니다. 따라서 사는 것이 힘들다고 느껴질 때 세상을 원망할 것이 아니라 우리 자신의 의지와 생명력이 약해진 것은 아닌지를 돌아봐야 한다고 니체는 말합니다.

자신의 목숨을 걸고 히말라야 같은 산을 오르는 사람에게 우

리는 '왜 산에 오르느냐'라고 묻습니다. 이러한 질문에 대해 혹자들은 '산이 그곳에 있으니까 오를 뿐이다'라고 말하곤 합니다. 니체라면 어떻게 대답했을까요? '내 힘을 느끼고 싶어서, 험난하고 높은 산을 겁내지 않고 올라가는 나의 강한 힘을 느끼고 싶어서'라고 답했겠지요.

험준하고 높은 산을 아무런 불평 없이 올라가 정상에 설 때 우리는 자신에 대해 뿌듯함을 느끼게 됩니다. 물론 이러한 뿌듯함은 정상에 올랐을 때 가장 크겠지만 올라가는 과정에서도 느낄 수 있습니다. 경사면을 올라갈 때 우리는 그 자리에 주저앉고 싶은 욕망을 극복하면서 우리가 우리 자신의 주인임을 느낌과 동시에 자신에 대한 자부심도 느낄 수 있으니까요.

니체는 오늘날의 현대인들은 안락한 생존과 쾌락에만 연연해하기 때문에 병약한 인간이 되어버렸다고 말합니다. 사람들은 조금만 힘들어도 불평을 쏟아내고 아주 작고 불편한 자극에도 호들갑을 떱니다. 이렇게 자극에 민감하면서 안락만을 탐하는 인간을 두고 니체는 '말세인末世人'이라 일컫고, 이런 유형의 인간에 대해 '초인超人'을 내세웁니다. 이러한 초인을 니체는 '고귀한 인간' 혹은 '기품 있는 인간'이라고도 부릅니다.

혹시 주위에서 기품이 느껴지는 사람을 본 적이 있나요? '아, 저 사람은 고귀한 인간이야'라는 느낌을 받은 사람은 있었나요? 그런 사람은 피곤하다고 아무데서나 드러눕는 인간이 아니라 피곤함에도 불구하고 꼿꼿한 자세를 잃지 않는 사람이고, 어떠한 상황에서도 의연하고 당당한 사람입니다.

이러한 사람은 자신에 대해서 강한 긍지를 갖기에 외부의 상황에 쉽게 굴복하지 않습니다. 더 나아가 항상 그 상황의 주인으로 존재하면서 상황을 압도하는 자신의 힘을 느낍니다.

이렇게 기품 있고 고귀한 인간에게는 세계가 어떻게 보일까요? 쇼펜하우어가 말하는 것처럼 어둡고 우울하게 나타날까요? 니체는 '이러한 인간에게는 단연코 세계가 아름답게 보인다'라고 말하면서, '아름다움이란 우리 인간이 자신의 아름다움과 풍요로움을 세계에 나눠주는 것'이라고 이야기합니다.

자신의 아름다움과 풍요로움을 느끼는 사람은 이 세계도 아름답고 풍요로운 곳으로 경험합니다. 이런 사람은 직업적인 예술가는 아니더라도 이미 예술가라고 할 수 있습니다. 니체는 훌륭한 예술가들의 예술품도 사실은 이러한 힘의 충만함에서 비롯되는 것이라고 생각했습니다. 그는 '예술은 힘의 고양과 충만을 경험하는 도취의 상태에서만 가능한 것'이라고 보았습니다.

> 이러한 도취 상태에서 사람들은 자신의 충만함으로부터 모든 것을 풍요롭게 만든다. 무엇을 보고 무엇을 바라든, 사람들은 그 모든 것이 팽만해 있으며, 강하고, 힘으로 넘쳐난다고 본다. 이런 상태에 있는 인간은 사물들을 변형시켜서 마침내 사물들은 그의 힘을 반영하게 되고 그의 완전성을 반영하게 된다. 이렇게 사물들을 완전한 것으로 변화시켜야만 하는 것이 ─ 예술이다. 자신이 아닌 모든 것조차도 ─ 그 자신이 아닌 것임에도 불구하고 ─ 자신에 대한 기쁨이 된다. 예술에서 인간이 즐기는 것은 완전한 존재로서의 자기 자신이다.

이에 반해 자그마한 불편에도 짜증을 내고 어떻게든 안락함만을 추구하는 사람은 자신을 아름다우면서도 풍요롭게 볼 수 없습니다. 뿐만 아니라 이러한 사람에게는 세계가 항상 자신의 안락을 위협할 수 있는 두려운 곳으로 나타납니다. 니체는 위에서 인용한 문장에 이어서 이렇게 이야기합니다.

> — 이것과는 정반대의 상태, 곧 본능의 특수한 반反예술가적 상태를 생각해볼 수 있을 것이다. — 그것은 모든 사물을 빈약하게 만들고, 피폐하게 만들고, 시들게 만드는 존재양식이다. 사실 역사적으로 보면 이러한 반예술가, 그러한 생명력을 결여한 자들은 아주 많이 있었다. 그들은 필연적으로 사물들을 약탈하여 쇠약하게 만들고 여위게 만들 수밖에 없다.

니체의 이러한 사상은 공교롭게도 동양의 불교에서 말하는 것과 상당히 유사합니다. 불교의 한 학파인 유식학唯識學에서는 각 존재자들의 정신상태에 따라서 동일한 세계도 완전히 다르게 보인다는 사실을 일수사견一水四見의 비유를 들어 설명합니다.

일수사견이란 똑같은 물이라도 인간과 물고기 그리고 아귀와 천상의 신은 그것을 각각 다르게 경험한다는 뜻입니다. 즉, 우리 인간은 물을 음료수나 목욕물로 경험하지만 물고기는 거주처로 경험하며, 자손의 공양을 받지 못하고 죽은 배고픈 귀신인 아귀들은 고름으로 보고, 하늘의 신은 보배 궁전으로 여긴다는 것입니다.

이와 마찬가지로 니체가 말하는 '말세인'과 '초인'은 동일한 인간이지만 서로 전적으로 다른 정신적 차원에 있기 때문에 세계 또한 서로 다르게 보게 됩니다.

우리는 흔히 고난과 고통이 전혀 존재하지 않는 상태가 행복이라고 생각하는 경향이 있습니다. 따라서 우리는 자신을 고통스럽게 하는 고난이 일어나지 않고 항상 좋은 일만 일어나기를 바랍니다. 그러나 세상은 그렇게 마음대로 되는 것이 아니기에 우리는 고난을 겪을 수밖에 없으며 이와 함께 육체적으로나 정신적으로나 고통을 경험할 수밖에 없습니다. 이런 의미에서 야스퍼스Karl Jaspers 같은 철학자는 인간이 어떻게 해서든 벗어날 수 없는 한계상황 중의 하나가 고난과 고통이라고 보았습니다.

따라서 진정한 의미에서의 '행복한 인간'은 고난과 고통이 없기를 바라지 않고, 그런 것들이 존재함에도 불구하고 정신적인 평정과 충일함을 느낄 수 있는 사람입니다. 이런 의미에서 행복의 반대는 비애나 고통이 아니라 내적으로 빈곤해지고 생명력이 쇠퇴한 결과로 나타나게 되는 우울증입니다. 이러한 우울증의 상태는 비애나 고통의 지배를 받을 뿐 아니라 매사에서 그런 감정을 느끼는 허약한 상태라 할 수 있습니다.

의미를 찾지 않을 때
의미 있는 삶이 된다

고통 자체가 아니라 고통의 무의미가
바로 이제까지 인류에게 내려져 있었던 저주였다.

낙타에서 사자로,
사자에서 아이로

니체는 '인간의 정신은 낙타의
정신에서 사자의 정신으로, 그리고 사자의 정신에서 아이의 정신
으로 발전해가는 것'으로 보았습니다. 물론 경우에 따라 어떤 사람
들은 죽을 때까지 낙타나 사자의 정신 단계에 머무를 수도 있겠지
요. 니체가 말한 인간 정신 발달의 3단계는 이상적인 경우를 말한
다고 볼 수 있을 것입니다. 그런데 왜 니체는 인간의 정신을 낙타
와 사자, 어린아이에 비유한 걸까요? 저는 니체가 이야기한 정신
발달의 3단계를 제 삶을 예로 들어 설명해볼까 합니다.

중학교 때까지의 저는 낙타처럼 살았습니다. 낙타는 황량하기 그지없는 사막에서 무거운 짐을 지고 아무런 불만도 없이 뚜벅뚜벅 걸어나아가는 동물입니다. 이런 의미에서 낙타는 인내와 순종의 대명사라 할 수 있습니다. 니체가 말하는 낙타의 정신은 사회의 가치와 규범을 절대적인 진리로 알면서 무조건적으로 복종하는 정신을 뜻합니다.

어릴 때의 인간은 가정과 학교를 통해 사회적 가치와 규범을 주입받습니다. 아이들은 부모님이나 선생님을 신으로 생각하고 그분들의 말씀에 복종하며 착한 아이라는 말을 듣고 싶어 합니다. 그런 식으로 아이들은 사회의 규범과 가치를 자신의 정신뿐 아니라 온몸 안에 체화합니다. 저 역시 중학교 때까지는 부모님과 선생님을 신처럼 생각했고 그분들로부터 착한 아이라는 말을 듣고 싶어 했습니다. 그래서 낙타처럼 군말 없이 부모님과 선생님의 말씀에 따랐고요.

초등학교 시절 저는 어머니의 손에 이끌려 어떤 종교단체에 다닌 적이 있습니다. 그곳에서의 예식은 종종 두어 시간 동안 이어졌는데 모든 신도들은 서 있는 채로 예식을 치르곤 했습니다. 초등학생의 어린 나이였음에도 저 또한 아무 불평 없이 몇 시간을 선 채로 견뎌냈습니다. 어떤 때는 현기증이 나서 졸도하기도 했지만 그 종교가 절대적인 진리라고 믿었기 때문에 저는 그 예식이 힘들다거나 무의미하다고 생각한 적은 한 번도 없었습니다.

중학생 시절 어느 여름에는 글자 그대로 엉덩이에 땀띠가 나도록 공부한 적도 있었습니다. 이때에도 공부는 의미가 있다고 생각했기 때문에 그렇게 무식하게 공부한 것에 대해서 오히려 자부심마저 느꼈습니다. 그 당시만 해도 저는 정말 아무리 무거운 짐도 흔쾌히 짊어지는 낙타 자체였습니다.

그러다가 고등학교에 들어간 지 얼마 되지 않았을 무렵, 저는 낙타에서 사자로 돌변했습니다. 지금도 낙타에서 사자로 갑자기 변한 제 모습에 적지 않게 당황하고 실망하던 아버지의 모습이 떠오릅니다.

고등학교 1학년의 어느 날, 갑자기 삶의 허무감이 저를 덮쳐왔습니다. 그전까지는 삶의 의미를 물었던 적이 한 번도 없을 정도로 제게 있어서 삶은 확실한 의미를 갖는 것이었습니다. 그런데 삶이 갑자기 허망하기 그지없는 것으로 자신의 무표정한 맨얼굴을 드러낸 것입니다.

삶에는 아무런 의미가 없었습니다. 다만 확실한 것은 우리는 아무런 의미도 근거도 없이 이 세상에 던져졌고, 살아남기 위해서 발버둥치고, 그러다가 늙어가면서 죽음에 이른다는 것이었습니다.

이러한 사실은 인생 전체를 꼼꼼히 관찰한 끝에 파악하게 된 것이 아니었음에도 그것은 어느 날 갑자기 허무감과 함께 그 어떠한 사실보다도 확실한 것으로 저를 덮치듯 다가왔습니다. '이렇게 살아서 뭐 하나. 어차피 죽으면 끝나는 인생인데……'라는 생각은 고등학교 3년을 마칠 때까지 저를 붙잡고 놓아주지 않았습니다. 가장 생명력이 왕성할 때인 그 시기를 저는 무의미하게만 생각되는 회색 인생의 무게에 짓눌려 참담하게 살았습니다.

그렇게 낙타에서 사자로 돌변해버린 저는 부모님과 선생님들에게 반항했고, 사회가 의미 있는 것으로 내세우는 그 모든 것들에 대해 냉소를 보였습니다. 무의미한 세상에 저를 던져놓은 부모님을 원망했고, 무의미한 공부를 강요하고 그것으로 사람들을 평가하는 학교와 사회에 대해서 분노했습니다. 하지만 '그렇다면 어떻게 살아야 하는가'라는 질문에 대해서는 답이 막막했습니다.

니체는 '사자의 정신은 기존의 가치를 파괴하지만 새로운 가
치를 창조하지는 못한다'라고 이야기했지요. 기존의 가치와 의미
가 붕괴된 자리에 남아 있는 가치와 의미의 공백 상태는 정말이지
견딜 수 없는 것이었습니다.

이렇게 기존의 가치와 의미가 무너지고 '왜 살아야 하는가'라
는 물음에 대한 답이 결여된 상태를 두고 니체는 니힐리즘(nihilism,
허무주의)이라 명명하며, 이러한 니힐리즘의 상태야말로 인간이 견
딜 수 없는 가장 큰 고통이라고 말했습니다. 저 역시 니힐리즘의
상태를 큰 고통으로 느꼈습니다. 그것은 저에게서 삶의 활력과 웃
음을 앗아간 대신에 무기력과 우울한 얼굴을 남겨두었습니다.

이러한 상태를 견딜 수 없었던 저는 허무의 어두운 심연에서
저를 끌어올려줄 의미를 애타게 찾아 헤맸습니다. 철학이라는 학
문이 있다는 것도 그때 처음으로 알았고, 철학책들을 이리저리 뒤
져보면서 니체라는 이름도 처음으로 알게 되었습니다. 니체를 읽
으면서 느껴졌던 그의 열정은 허무의 나락에서 온몸으로 의미를
갈구하던 저의 터질 것만 같은 심장과 무언가 통하는 것이 있다고
생각했습니다. 그러나 고등학생의 나이로 니체를 이해한다는 것

은 어려웠고 지금 생각하면 불가능한 일이었던 듯합니다.

그렇게 아무런 의미도 발견하지 못한 채 무기력한 인생을 살면서 저는 죽고 싶다는 생각을 많이 했습니다. 인생에는 의미가 없다는 생각, 어차피 일찍 죽으나 늦게 죽으나 아무런 차이도 없다는 생각에 줄곧 사로잡혀 있었지요. 하지만 대학에 가서 철학을 공부하게 된다면 이렇게 질식할 것 같은 상태에서 빠져나갈 출구가 보일지도 모른다는 막연한 희망, 그리고 내가 죽는다면 절망에 빠지실 부모님의 모습이 저를 가까스로 자살의 문턱에서 돌려 세웠던 것 같습니다.

그렇습니다. 허무감이 극에 달하면 우리는 이렇게 죽고 싶다는 생각을 하게 됩니다. 니힐리즘은 이렇게 인간을 절망의 심연 한가운데에 던져놓고는 아무런 출구도 제시하지 않기에 우리는 은연중에 니힐리즘을 두려워합니다.

이와 함께 우리는 죽음을 생각하는 것도 무서워합니다. 죽음을 생각하면 삶이 허망하다는 생각이 들지만 그렇다고 그 허망한 삶을 어떻게 할 수도 없기 때문입니다. 따라서 우리는 도처에서 사람들이 죽는 것을 보면서도 '내게 있어 죽음은 아직 먼 사건'이라는 식으로 죽음에 대한 생각을 떨쳐버립니다.

하이데거^{Martin Heidegger}는 '실로 사람들은 죽는다. 그러나 나는 아직 죽지 않았다'라는 논법이야말로 바로 우리가 죽음에서 도피하기 위해 사용하는 대표적인 논법이라고 봅니다. 그러나 실은 죽음은 언제든지 우리를 찾아올 수 있는, '임박해 있는 가능성'이지요.

우리는 의식적이든 무의식적이든 죽음을 회피하려 합니다. 반면 니체나 하이데거는 죽음을 진지하게 생각하면서 니힐리즘에 빠지는 것이 우리의 정신적 성장을 위해 필요하다고 보았습니다.

사실상 모든 위대한 성장은 거대한 분해와 소멸을 동시에 수반한다. 고통, 몰락의 징후는 거대한 전진의 시대에 속한다. 인류의 생산적이고 강력한 모든 운동은 동시에 니힐리스틱^{nihilistic}한 운동을 창출해왔다. 염세주의의 극한적인 형태인 본래적인 니힐리즘의 출현은 경우에 따라서는 결정적이고 가장 본질적인 성장, 즉 새로운 존재 상태에로의 이행이 될 수 있다.

니힐리즘에 빠지지 않았더라면 저는 계속 낙타의 정신에 머물러 살고 있었겠지요. 무엇이 진정한 삶인지에 대한 고뇌도 하지 않은 채 기존의 사회가 정해준 삶의 방식을 그대로 따르고 있었을 것입니다. 하이데거와 같은 철학자는 이런 삶을 '세상 사람의 삶', 니체는 '말세인의 삶'이라고 일컫습니다. '세상 사람의 삶'이란 자기를 상실하고 세간의 가치를 추구하는 데 빠져 있는 삶이고, '말세인의 삶'이란 밑바닥까지 전락한 인간의 삶이라는 의미입니다.

놀이에 빠진
어린아이처럼 살아라

니체는 니힐리즘을 극복하면서 새로운 활력을 회복한 정신의 단계를 '아이의 정신'이라고 부르고 있습니다. 니체가 아이의 정신으로 무엇을 염두에 두고 있는지를 설명하기 위해서 다시 제 인생을 예로 들어보겠습니다.

고등학교 3년을 니힐리즘의 심연에서 허우적대다가 거의 탈진 상태에 이르렀던 저는 대학에 들어간 지 얼마 되지 않아 마르크스주의자가 되어버렸습니다. 제가 대학에 들어간 해는 1978년이었는데 당시 대학가에는 운동권 학생들을 중심으로 마르크스주의

Marxism가 유행하고 있었지요. 저는 무의미의 심연에서 저를 끌어올리릴 밧줄을 마르크스주의에서 찾았고 그 밧줄에 의지한 채 근 7년의 시간을 보냈습니다.

사람들이 마르크스주의에 빠지는 데는 여러 가지 이유가 있을 것입니다. 어떤 사람은 가난한 사람들에 대한 진정한 애정과 동정 때문이기도 하겠고 어떤 사람은 불평등하고 불합리한 사회구조에 대한 분노 때문이겠지만, 제 경우에는 니힐리즘에서 벗어나 의미 있는 삶을 살고 싶다는 열망이 크게 작용했던 것 같습니다. 그래서 그때부터는 부모님과 선생님을 대신해서 마르크스Karl Heinrich Marx가 저의 새로운 우상이 되었고 저는 그의 가르침을 실현하는 데서 삶의 의미를 찾으려 했습니다.

그런데 대학을 졸업한 지 3년쯤 되어 마르크시즘에 대한 회의가 저를 사로잡았습니다. 자본주의 체제가 조장하는 인간들 사이의 경쟁을 극복하면서 형제애가 넘치는 사회를 이룩하려 했던 마르크스주의가 또 다른 경쟁을 낳는 것을 보았기 때문입니다. 또 다른 경쟁, 그것은 곧 위대한 혁명가로 인정받기 위한 경쟁이었습니다.

마르크스주의 조직 내에서 사람들은 자신이 다른 이들보다 더 위대한 혁명가임을 인정받기 위해 경쟁했습니다. 자신과 투쟁의 방법을 달리하는 사람에게는 좌익맹동주의자니 우익기회주의자라느니 하는 비난을 던졌고, 이런 투쟁에서 밀려난 이들에게는 인격적으로 부족한 사람들이라는 낙인이 찍혔지요.

물론 자본주의 내에서도 경쟁에서 밀려난 이들이 인격적으로 대우받지 못하고 있는 것은 사실입니다. 그러나 자본 사회에서는 돈에 따라 사람들을 평가하는 것은 천박한 짓이라는 인식이 있고, 경쟁에서 이긴 사람들이라 해서 도덕적으로까지 훌륭한 사람들로 간주되지는 않습니다. 오히려 경쟁에서 진 사람들은 도덕적으로는 자신이 더 깨끗하다는 자부심을 가질 수도 있지요.

그러나 마르크스주의 조직 내에서 위대한 혁명가로 인정받지 못하는 사람들은 도덕적으로까지 열등한 존재로 매도당합니다. 마르크스주의 조직 내의 이러한 현실은 마르크스주의자들이 권력을 손에 넣게 된 사회주의 국가에서 적나라하게 드러났습니다. 당원이 되지 못한 사람들, 평양 시민이 되지 못한 사람들은 혁명정신이 부족한 이등 국민으로 간주되는 것 등이 그 예에 해당합니다.

마르크스주의 조직 내의 이러한 현실은 저로 하여금 마르크스주의라는 이념 자체에 대한 회의감을 촉발시켰고, 마르크스의 이론 자체가 가지고 있는 맹점들에 눈을 뜨게 만들었습니다. 그렇게 하여 저는 마르크스주의를 버리게 되었지만, 이는 곧 저를 허무의 심연에서 끌어올려준 밧줄을 놓아버린 것과 같았기 때문에 저는 다시 그 심연에 빠지고 말았습니다.

그러던 어느 날, 저는 니체가 영원회귀永遠回歸 사상을 깨달으며 겪었던 황홀경의 체험과 유사한 경험을 하게 되었습니다. 병고 때문에 스위스에서 요양 중이었던 니체는 실스 마리아Sils Maria에 있는 실바플라나Silvaplana 호수를 산책하며 호숫가에 높이 솟아 있는 바위를 지나던 길에 갑자기 벼락에 맞은 것처럼 영원회귀 사상에 사로잡히게 되었습니다. 그런데 제게도 그런 체험이 서른이 되기 얼마 전에 갑자기 찾아온 것이죠.

그 순간 저는 고등학교 1학년 때부터 저를 짓눌러왔던 삶의 허무감에서 벗어나게 되었고, 제 가슴을 짓누르던 돌이 치워지는 시원한 느낌을 가질 수 있었습니다. 의미를 향한 저의 방황이 끝나는 순간이었지요. 그 후부터 저는 니체가 말했던 것처럼, 아이처럼 인생을 살려 하고 있습니다.

아이처럼 산다는 것은 무엇일까요? 이 말은 곧 인생을 유희처럼 사는 상태를 가리킵니다. 우리가 어떤 재미있는 놀이에 빠져 있을 때 우리는 '왜 이 놀이를 해야 하는가'라는 물음을 제기하지 않습니다. 그냥 그 놀이가 재미있어서 놀 뿐이지요. 그렇다면 우리는 어떤 순간에 '왜 이 놀이를 해야 하지?'라며 놀이의 의미를 묻게 될까요? 그것은 바로 놀이의 재미가 사라졌는데도 계속해서 그 놀이를 해야 할 때입니다.

우리 인생도 마찬가지입니다. 인생이 하나의 재미있는 놀이로 여겨지는 사람은 '이 놀이를 계속해야 하는지'를 묻지 않습니다. 그저 삶이라는 놀이에 빠져서 그것을 즐길 뿐이지요. 우리가 삶의 의미를 묻게 되는 것은 삶이 더 이상 재미있는 놀이가 아니라 그저 자신이 짊어져야 할 무거운 짐으로 느껴질 때입니다. 그때 우리는 삶을 무거운 짐으로 느끼면서 '왜 이 짐을 짊어져야 하지?'라고 묻게 되는 것입니다.

철학교수를 하다 보니 종종 젊은 사람들이나 나이 든 분들에게서 메일이나 전화로 '인생의 의미가 무엇이냐'라는 질문을 받곤합니다. 이러한 질문에 대한 답은 인생과 세계에 대해 이야기하는 책을 아무리 수없이 섭렵한다 해도 얻을 수 없습니다. 헤겔 같은 철학자는 인생과 세계에 대해 장대한 이론체계를 제시했지만 정작 그 자신은 자기의 삶에 대해서 허무감을 느꼈을 수도 있습니다. 이런 의미에서 니체와 더불어 실존철학의 아버지로 불리는 키르케고르^{Sören Aabye Kierkegaard}라는 사상가는 다음과 같이 이야기합니다.

소위 철학자들이란 사상적으로는 커다란 궁궐을 지어놓으면서도 실제 인간으로서는 빈약하기 짝이 없는 조그만 집에서 살고 있는 자다.

'인생의 의미'에 대한 물음은 그런 물음이 제기될 필요가 없을 정도로 삶을 재미있는 유희처럼 살아갈 때에만 해소될 수 있습니다. 여기서 제가 '해소'라는 표현을 사용한 것에 주목해주십시오. 인생의 의미에 대한 물음은 어떤 이론적인 답을 통해서도 해결될 수 없고, 그런 물음 자체가 일어나지 않는 상태로 우리의 삶을 변화시키는 것으로만 해결 가능합니다. 다시 말해 그런 물음은 그것 자체가 해소되어서 사라지는 방식으로만 해결될 수 있다는 뜻입니다.

삶이 영원히 반복된다 해도
지금처럼 살 것인가

니체의 영원회귀 사상이란 말 그대로 '모든 것은 영원히 되돌아온다'라는 뜻입니다. 즉 우리가 경험하는 크고 작은 슬픈 일 또는 기쁜 일은 혹시라도 다음 세상이 있다면 영원히 되돌아온다는 사상입니다. 니체는 이것을 곧 하나의 사상적 실험이라고 일컫기도 했는데, 이런 영원회귀 사상은 '모든 것이 영원히 되돌아오더라도 그대는 생을 사랑할 것인가'라는 물음 앞에 우리를 세웁니다. 니체의 다음과 같은 말을 한번 볼까요?

어느 날 혹은 어느 밤, 한 악마가 가장 적적한 고독 속에 잠겨 있는 너의 뒤로 슬그머니 다가와 이렇게 말한다면 너는 어떻게 말할 것인가?

"네가 현재 살고 있고 지금까지 살아왔던 생을 다시 한 번, 나아가 수없이 몇 번이고 되살아야 한다. 거기에는 무엇 하나 새로운 것은 없을 것이다. 일체의 고통과 기쁨, 일체의 사념과 탄식, 너의 생애의 크고 작은 모든 일이 다시 되풀이되어야만 한다. 모든 것이 동일한 순서로 말이다. 이 거미도 나무들 사이로 비치는 달빛도, 지금의 이 순간까지도 그리고 나 자신도. 존재의 영원한 모래시계는 언제까지나 다시 회전하며 그것과 함께 미세한 모래알에 불과한 너 자신 역시 회전할 것이다."

너는 땅에 엎드려 이를 악물고서 그렇게 말한 그 악마를 저주하지 않을 것인가? 아니면 너는 그 악마에게 "너는 신이다. 나는 이보다 더 신적인 말을 들은 적이 없다!"라고 대답할 그런 엄청난 순간을 체험한 적이 있었는가?

이러한 사상이 너를 지배하게 된다면 그것은 현재의 너를 변화시킬 것이고 아마 분쇄해버릴 것이다. 그리고 모든 일 하나

하나에 가해지는 "너는 이것이 다시 한 번 또는 수없이 계속 반복되기를 원하느냐?"라는 질문은 가장 무거운 무게로 너의 행위 위에 놓이게 될 것이다.

그러나 우리는 대부분의 경우 '모든 것이 영원히 되돌아오더라도 그대는 생을 사랑할 것인가'라는 물음 앞에서 뒷걸음질 치면서 '아니다. 다음 생이 온다면 그 생에는 기쁜 일과 행복한 일만 있으면 좋겠다'라고 부르짖습니다. 죽은 후에는 천국이 있으리라고 기대하거나 가까운 미래에는 모든 고통이 사라진 유토피아가 도래하리라고 생각하는 것도 이런 바람 때문입니다.

그러나 니체는 세계에서 고통이 사라질 날은 없을 것이라 생각했습니다. 그는 모든 것들이 자신의 힘을 증대시키기 위해 서로 투쟁하고 갈등하는 것이 세계의 실상이라고 보았기 때문입니다. 세계가 이러한 모습이기에 우리는 정신력이 크게 강화되고 고양될 때만 그 세계를 긍정할 수 있습니다.

예를 들어 우리가 험준한 산을 올라간다고 가정해봅시다. 육체적으로, 또 정신적으로 약할 때 우리에게 그 산은 저주의 산으로 나타납니다. 이때 우리는 '왜 이 산을 올라가야 하는가'라는 물음을 계속 던지면서 그 산을 올라가야만 하는 자신의 운명을 한탄하게 되지요.

이에 반해 우리가 육체적이나 정신적으로 강할 때, 그 산은 아름답고 장엄한 산으로 나타납니다. 그럴 때 우리는 '왜 산을 올라가야 하는가'라는 질문을 더 이상 던지지 않습니다. 누군가 우리에게 그런 물음을 던진다면 우리는 '이 산이 아름답고 산을 오르는 것이 재미있어서'라고 답할 것입니다.

인생의 의미에 대한 물음에 사로잡힐 때 우리는 인생과 세계에 문제가 있다고 생각합니다. 다시 말해 인생과 세계는 무의미한 고통에 차 있다고 여기고, 대개는 그런 물음에 대한 답을 우리가 죽어서 갈 천국이나 미래의 공산주의에서 찾곤 하지요.

그러나 니체는 우리 자신의 정신에 문제가 있다고 생각했습니다. 우리의 정신력이 약하다 보니 세계가 그렇게 무의미하고 황량한 곳으로 보인다는 것입니다. 그는 우리가 우리의 정신력을 강화할 때 세계는 다시 아름답게 보일 것이라고 말합니다. 이렇게 아름답게 드러나는 세계에서 매 순간 충만한 기쁨을 느끼면서 경쾌

하게 사는 것, 매 순간 자체가 이미 충만한 의미를 갖고 있기에 그
순간의 충일함을 즐기면서 사는 것, 그것이 바로 니체가 말하는
'아이의 정신으로 사는 것'입니다.

> 우리는 참된 세계를 제거해버렸다. 무슨 세계가 이제 남아 있
> 는가? 현상의 세계일까? …… 아니다! 참된 세계와 더불어서
> 우리는 이른바 현상의 세계도 없애버렸다!(정오. 가장 짧게 그늘이
> 지는 순간, 가장 긴 오류의 끝, 인류의 정점. 차라투스트라의 등장)

여기서 참된 세계는 플라톤의 철학과 그리스도교와 같은 서
양의 전통 철학과 종교가 상정하는 피안의 세계를 가리킵니다. 피
안의 세계는 영원하고 변하지 않는 세계이며 우리가 지각할 수 없
는 초감성적 세계입니다. 반면 차안의 세계는 우리가 지각할 수 있
는 감성적인 세계로서 모든 것이 끊임없이 생성하고 소멸하는 무
상한 세계입니다. 이렇게 생성 소멸하는 차안의 세계는 영원불변
한 피안 세계의 그림자에 불과합니다.

그러나 니체는 영원불변한 세계는 존재하지 않으며 존재하

는 것은 오직 생성 소멸하는 세계일뿐이라고 말합니다. 니체는 영
원불변한 세계는 생성 소멸하는 현실을 흔쾌하게 짊어지지 못하
는 허약한 인간들이 만들어낸 허구에 지나지 않는다고 보면서 이
른바 영원불변한 참된 세계를 제거해버리는 것입니다. 《차라투스
트라는 이렇게 말했다》에서 니체는 차라투스트라로 하여금 생성
변화의 세계가 유일한 참된 세계임을 설파하면서 대지에 충실할
것을 사람들에게 요구합니다.

　　전통적인 철학과 종교에서 생성 소멸하는 현실 세계는 어두
움으로 묘사되고 초감성적 세계는 태양 내지 빛과 동일시되었지
만 이 현실 세계를 철저히 긍정하는 자에게는 현실 세계 그 자체
가 빛이며 이러한 세계에는 어둠이 지배하는 것이 아니라 정오의
밝음이 지배하게 됩니다. 즉 우리가 살고 있는 세계는 여전히 생성
소멸하는 세계이지만 의미와 충만함이 깃든 세계입니다.

　　이런 의미에서 니체의 철학은 곧 삶에 대한 찬가라고 할 수
있습니다. 니체는 '우리가 앞으로 섬겨야 할 신은 춤출 줄 아는 신'
이라고 말합니다. 이 신은 삶을 단죄하는 것이 아니라 삶을 즐기고
긍정하는 신입니다. 아무런 목표나 의미 없이 기쁨 속에서 파괴와

창조를 거듭하는 이 신을 니체는 디오니소스^{Dionysos}라고 부릅니다.

　니체가 말하는 디오니소스신은 어떤 인격적인 신이 아니라 생성과 소멸을 거듭하는 세계 자체를 가리킵니다. 니체가 '초인超人'이라고 부르는 사람은 이렇게 파괴와 창조, 승리의 기쁨과 패배의 슬픔이 반복되는 이 세계를 웃으면서 긍정하는 자이고, '춤추는 디오니소스처럼' 너털웃음을 터뜨리면서 이러한 세계의 한가운데에서 환희에 차 춤추는 자입니다.

　물론 이것은 쉽지 않습니다. 니체가《차라투스트라는 이렇게 말했다》에서 말하는 중력重力의 정신이 우리 삶을 짓누르고 있기 때문입니다. 중력의 정신이란 우리를 아래로 끌어내리려는 두려움과 걱정, 시기와 원한과 같은 부정적인 정신을 뜻합니다. 이 때문에 제 삶도 우울해질 때가 있지요. 그래도 저는 이제 인생은 근본적으로 아름답고 의미로 충만해 있다고 생각합니다. 지금 여기의 삶을 떠나 천국이나 미래의 공산주의와 같은 유토피아에서 의미를 찾을 필요가 없을 정도로 말입니다.

위험하게 사는 것만큼
아름다운 것은 없다

'운명애^{amor fati}',
이것이 나의 가장 깊은 내면의 본성이다.

니체는 왜 험난한 운명을
사랑했을까

니체가 말하는 초인은 자신의
운명을 사랑하는 사람입니다. 여기서 니체가 염두에 두고 있는 운
명은 일생 동안 병고에 시달렸던 자신의 운명처럼 험난한 것이었
겠지요.

운명은 사람마다 다르게 주어집니다. 어떤 사람은 부잣집에
서 태어나 좋은 두뇌를 타고나서 좋은 대학 졸업하고 좋은 직장 얻
어서 일생을 평탄하게 사는가 하면, 어떤 사람은 형편이 좋지 않은
환경에서 태어나 교육도 제대로 받지 못하고 경제적 어려움에

시달리며 고단한 일생을 보내지요. 이런 세상을 보면서 참 불공평하다는 생각은 누구나 해보았을 것입니다.

니체가 평탄한 운명을 살고서도 운명을 사랑하라고 말했다면 우리는 그의 말에 코웃음을 치며 말할 것입니다. '너 정도의 운명만 주어진다면 나도 운명을 사랑할 것이다'라고 말이지요. 사실 니체는 비록 다섯 살이라는 어린 나이에 아버지를 잃는 불운을 겪긴 했지만 예술과 학문 면에서 천재적인 재능을 타고났기 때문에 사회적으로 성공할 수 있는 소질이 선천적으로 충분했다고도 볼 수 있습니다. 게다가 25세 약관弱冠의 나이로 스위스 바젤Basel 대학의 교수가 되었으니, 적어도 그때까지는 누구나 부러워할 만한 운명이었다고도 할 수 있지요.

하지만 니체는 교수가 된 지 10년도 되지 않아 병 때문에 교수직을 사퇴하고 학교에서 나오는 연금으로 일생을 보내게 됩니다. 연금이라고 해봤자 너무나 적은 금액이어서 한겨울임에도 방에 불을 때지 못했던 날들도 있었지요. 또 니체는 제자였던 루 살로메Lou Salomé라는 여인을 사랑했지만 그녀의 사랑을 얻지 못한 채 평생을 독신으로 보냈습니다.

더군다나 그가 출간하는 책들은 하나같이 독자들의 주목을 받지 못했습니다. 출판사 입장에서는 당연히 그렇게 인기 없는 책들을 출판하기를 꺼렸기 때문에 니체는 자비로 책을 내야만 했지요. 그러다 조금 유명해지는가 싶었는데 45세의 나이에 광기가 엄습해오면서 그는 10년을 병석에서 식물인간처럼 지내다가 죽었습니다.

저는 니체가 '항상' 자신의 운명을 긍정하고 사랑했을 것이라고 믿지는 않습니다. 우리도 때에 따라 정신력이 저하되었다가 강해지고는 하는데, 아무리 니체라고 해도 정신력의 기복이 없지는 않았을 겁니다.

하지만 정신력이 고양되었을 때의 그는 무엇보다도 자신의 운명을 긍정하고 사랑했습니다. 자신의 운명이 얼마든지 반복되어도 좋다고 큰소리칠 만큼 말이지요. 그러나 그의 운명은 우리가 부러워할 만큼 평탄한 것이 아니었습니다. 아마도 저를 포함한 대부분의 사람들은 자신의 운명이 니체의 운명과 같지 않다는 사실에 안도감을 느낄 거라 생각합니다.

나이가 들수록 우리는 인간에겐 인간의 힘으로는 어찌할 수 없는 운명 같은 것이 있다는 생각을 하게 됩니다. '내 사전에 불가능이란 없다'라고 나폴레옹이 외쳤지만 우리 인간에게 불가능한 것들이 왜 없겠습니까.

나폴레옹만 해도 모든 것이 가능한 것은 아니었습니다. 그는 위대한 정치가나 장군은 될 수 있었지만 위대한 화가나 음악가가 될 수는 없었습니다. 또 그 역시 권력을 잃지 않고 오래도록 살고 싶었겠지만 종내에는 권좌에서 물러나 유배지에서 쓸쓸하게 죽었습니다. 누구나 이왕이면 모든 면에서 탁월한 인간이 되고 싶겠지만 실제로는 한두 가지의 특별한 재능만을 가지는 것이 현실입니다.

운명! 바꿀 것인가,
굴복할 것인가, 긍정할 것인가

운명에 대해서 우리가 취할 수 있는 태도는 크게 세 가지로 구분할 수 있습니다. 하나는 운명의 존재를 부정하면서 인간이 노력하면 모든 것을 이룰 수 있다고 보는 것입니다. 이러한 태도는 극단적인 자유의지의 철학이라고 할 수 있습니다. 쉽게 말해서 '하면 된다'는 철학이지요.

그런데 니체는 이러한 극단적인 자유의지의 철학을 '단죄斷罪의 철학'이라고 불렀습니다. 인간은 자신의 삶의 주체이고, 자신이 원하는 방향으로 삶을 만들어나갈 수 있다는 철학은 언뜻 보면 인간을 존중하는 휴머니즘humanism의 철학인 것처럼 여겨집니다. 그런데 니체는 왜 그것을 단죄의 철학이라고 불렀을까요?

'인간이 얼마든지 운명을 극복하면서 자신의 삶을 자신이 원하는 대로 만들어나갈 수 있다고 믿느냐'라는 질문에는 보통 어떤 사람들이 긍정적인 답을 할까요? 또 부정적으로 답하는 사람들은 어떤 이들일까요? 긍정적으로 답하는 사람은 사회적으로 성공한 사람일 가능성이 많은 반면, 부정적으로 답하는 사람은 사회적으로 실패한 사람일 가능성이 높습니다. 성공한 사람은 자신이 성공한 것은 모두 자신의 노력 때문이라고 여기지만, 실패한 사람은 자신이 실패한 것은 부모를 잘못 만났거나 운이 없어서라고 생각할 것입니다.

이제 자유의지의 철학이 왜 단죄의 철학인지 어느 정도 분명해지지 않았나요? 자유의지의 철학은 사회적으로 실패한 사람을 단죄합니다. '그대가 실패한 것은 그대의 노력 부족 때문이다'라고 말입니다. 이러한 단죄에 대해서 사회적으로 실패하는 사람들은 억울하다고 할 것입니다.

사실 우리나라뿐 아니라 전 세계적으로 감옥에 갇혀 있는 사

a b = a , if A and B are sets such that a = #A and b = #b, r
, there exist injective functions $f : A \to B$ and $g : B \to A$. If $C \subseteq$
$A - \bar{g}[B - \bar{f}(C)]$; it is easy to see that if C and D are subsets of
implies $\Delta(C) \subseteq \Delta(D)$. Indeed, $C \subseteq D \Rightarrow \bar{f}(C) \subseteq \bar{f}(D)$ (this is half
$(D) \subseteq B - \bar{f}(C)$ by elementary class algebra $\Rightarrow \bar{g}[B - \bar{f}(D)] \subseteq \bar{g}[B - \bar{f}$
$B - \bar{f}(C)] \subseteq A - \bar{g}[B - \bar{f}(D)]$] Now, let $S = \{ B | B \subseteq A$ and $B \subseteq \Delta(B)\}$
, B. We will prove that $A_1 = \Delta(A_1)$ i) If $a \in A_1$, then $a \in B$
but $B \subseteq A_1$, so by (1) $\Delta(B) \subseteq A_1$. Thus we have $a \in B \Delta(B) \subseteq$
ves that $A_1 \subseteq \Delta(A_1)$. ii) We have just shown that $A_1 \subseteq \Delta A_1$,
, $\Delta(A_1) \subseteq \Delta[\Delta(A_1)]$, so $\Delta(A_1) \in S$. But A_1 is the union of all
$\Delta(A_1) \subseteq A_1$. Thus, we have proved that $A_1 = \Delta(A_1)$, which is
$= A - \bar{g}[B - \bar{f}(A_1)]$. By elementary class algebra (see Exercis
nts gives $A - A_1 = \bar{g}[B - \bar{f}(A_1)]$. Now f and g are injective func
(A_1) and by (2), $B - \bar{f}(A_1) \approx \bar{g}[B - \bar{f}(A_1)] = A - A_1$. But $\bar{f}(A_1) \approx$
b be cardinal numbers. Then $a \leq b$ if and only if there exists
; ; let A, B, C be sets (assume $A \cap C = \emptyset$) such the $a = \#A$,
e $a \leq b$; let A, B be disjoint sets such that $a = \#A$, $b = \#B$
$+b \leq c + d$, $a \leq a d$ a

람들 대다수는 가난한 집안 출신입니다. 우리는 우리가 태어난 나라나 가정의 환경이 우리 자신의 장래에 미치는 영향을 무시할 수 없습니다. 여자가 교육을 받을 수 없었던 조선 시대에 태어난 여성들은 아무리 똑똑해도 자신의 재능을 꽃피우기 어려웠던 것처럼 말이죠.

오늘날 우리나라를 지배하는 철학도 이러한 자유의지의 철학입니다. 많은 어린 학생들이 이 철학의 지배 아래 단죄받고 자책감에 빠져서 자살을 하고 있습니다. 집에서는 부모님들이, 학교에서는 선생님들이 '다른 아이는 100점을 받았는데 너는 왜 50점이냐'라고 끊임없이 단죄하고, 그런 단죄를 받은 아이들은 모든 것이 자신의 잘못이라고 생각하면서 자학하다가 결국은 죽음을 생각하기에 이릅니다.

하지만 음악적인 재능과 마찬가지로 공부도 어느 정도는 소질을 타고나야 잘할 수 있습니다. 그러니 공부 재능이 없다면 아이에게 주어진 다른 운명적 소질이 무엇인지를 찾아서 계발시켜줘야 하고, 이렇다 할 아무런 재능도 없으면 평범하게 살아가면서도 자신의 삶에 만족할 수 있는 자세를 키워줘야 하겠지요.

　　운명에 대해서 우리가 취할 수 있는 두 번째 태도는 숙명론입니다. 이것은 일종의 패배주의로서 모든 것을 운명 탓으로 돌리는 태도에 해당합니다. 자유의지의 철학은 사람들을 단죄하지만 숙명론은 사람들을 무기력하게 만듭니다.

　　운명에 대해 우리가 취할 수 있는 세 번째 태도는 운명을 긍정하고 사랑하는 것입니다. 자신의 역경을 오히려 자신이 성장할 수 있는 좋은 기회로 생각하면서 험난한 운명에게 감사하는 것입니다.

　　운명애運命愛의 철학은 언뜻 보면 자유의지의 철학과 동일한 것 같지만 인간이 어쩔 수 없는 운명이 있다고 생각하는 점에서 그것과는 본질적으로 다릅니다.

　　이런 철학은 힘든 운명을 하나의 기회로 승화시키려고 합니다. 만일 공부 재능이 없는 아이들을 닦달하는 우리나라의 부모들을 니체가 봤다면 무척 어리석다고 여겼을 것입니다. 반면 자신에게서 요리에 대한 재능을 발견했다면 자신이 그 재능을 타고났다는 사실에 감사하면서 그것을 최대한 살리기 위해 노력하는 것을 운명애라고 보았을 테고요.

가혹한 시련은
나를 단련시키는 최고의 친구

제 생각에 니체가 말하는 운명애의 철학을 가장 잘 구현한 사람은 일본에서 경영의 신으로 꼽히는 마쓰시타 고노스케松下幸之助인 듯합니다.

마쓰시타 고노스케는 아흔넷의 나이로 세상을 떠날 때까지 종업원 수가 13만 명에 달하는 570개의 기업을 거느렸던 사람입니다. 그는 아버지의 파산으로 초등학교 4학년을 중퇴하고 젊은 시절을 어렵게 보냈습니다. 자신의 성공 비결을 묻는 직원의 질문에 '하늘의 세 가지 큰 은혜를 입고 태어난 덕분'이라고 답했습니다.

　그 세 가지 큰 은혜란 가난하게 태어난 것, 허약하게 태어난 것, 못 배운 것을 뜻합니다. 가난하게 태어났기 때문에 부지런히 일하는 습관을 익혔고, 허약하게 태어났기 때문에 건강의 소중함을 깨닫고 부지런히 몸을 단련하여 나중에는 건강하게 태어난 사람들보다도 더 건강해졌으며, 초등학교 4학년을 중퇴했기 때문에 상대가 초등학생이라도 무엇인가 배울 점이 있으면 배우려고 한 덕분에 많은 지식과 지혜를 쌓을 수 있었다는 것입니다.

　보통 사람들 같으면 좌절하고 절망했을 환경이었음에도 고노스케는 그것을 오히려 성공의 발판으로 만들었습니다. 그렇기에 그는 자신의 운명을 사랑하고 긍정적으로 승화시킨 사람이라고 할 수 있습니다.

　혹자는 '고노스케의 삶을 더 잘 설명할 수 있는 것은 자유의지의 철학'이라고 말할지 모릅니다. 그러나 아무리 고노스케라 해도 자신의 힘으로는 바꿀 수 없는 것이 있습니다. 예를 들어 만일 그가 자신이 가졌던 경영인으로서의 운명적 소질을 무시하고 어릴 적 보았던 어떤 멋진 가수 때문에 자신도 가수가 되려 했다고 가정해봅시다. 타고난 의지력이 매우 강했으니 그가 노력했다면 물론 어느 정도의 수준까지는 올랐겠지만 기업인으로서 성공한 정도에 비할 바는 아니었겠지요. 이렇게 보면 고노스케는 자신의 운명을 부정했다기보다는 승화시켰다고 말할 수 있습니다.

니체가 말하는 운명애는 숙명론이 아닙니다. 그것은 오히려 운명을 자신이 성장할 수 있는 토대로 이용하고 승화시키라는 철학입니다. 특히 그는 고난의 운명이야말로 한 인간이 위대한 인물로 성장하는 데 필요한 절호의 조건이라고 보았습니다.

나무가 강하게 자라나기 위해서는 거친 폭풍우가 필요한 것처럼, 위대한 인간으로 성장하기 위해서는 어지간한 사람들은 좌절하고 말 정도의 열악한 환경이 필요하다는 것입니다. 니체는 이에 대해 이렇게 말하고 있습니다.

악 — 가장 생산적인 최선의 인간이나 민족이 살아가는 모습을 보며 이렇게 자문해보라. 하늘 높이 자라려는 나무들이 과연 비바람이나 눈보라를 겪지 않고 제대로 그렇게 자랄 수 있을 것인가? 외부로부터 가해지는 불운과 저항, 증오, 질투, 불신, 고집, 냉혹, 탐욕, 폭력은 덕의 위대한 성장을 위해서는 필수불가결한 것이 아닐까? 그것들은 덕의 성장을 위해서 유리한 환경을 조성한다. 나약한 천성을 가진 자들을 사멸시키는 독은 강한 자들에는 강장제이다. 강한 자는 그것을 또한 독이라고 부르지 않는다.

그런데 '운명을 긍정적으로 승화시키는 데 성공한 사람'이 반드시 마쓰시타처럼 사회적으로 성공한 사람만을 가리키는 것은 아닙니다. 자신의 운명을 철저하게 긍정하면서 자신이 겪었던 모든 고통이 다시 와도 좋다고 말했을 때의 니체는 결코 사회적으로 성공한 사람이 아니었습니다.

운명애의 사상에 엄습되었을 때 니체는 책이 거의 팔리지 않을 정도로 전혀 유명하지 않았지만, 그럼에도 자신의 인생에 만족했고 그것을 긍정했습니다. 그는 설령 사회적으로 성공하지 못한 사람이라도 자신의 삶을 낭비하지 않고 최대한 능력을 발휘하면서 자신이 처한 운명적 상황을 자기발전의 계기로 삼을 수 있다고 봅니다. 니체는 심지어 자신의 생애에서 가장 힘들었던 시기야말로 자신의 발전에 가장 큰 도움이 되었다고 말합니다.

나는 다른 어떤 시기보다도 나 자신의 생애에서 가장 힘들었던 시기에 깊이 의지하고 있는 것이 아닐까 하고 자주 자문해왔다. 나의 가장 깊은 내면의 본성이 가르쳐주는 바로는, 일체의 필연적인 것은 높은 입장에서 그리고 거시적인 의미에서 보면 유익한 것이기도 하다. 우리는 그것을 견디는 것을 넘어서 사랑해야 한다. '운명애amor fati', 이것이 나의 가장 깊은 내면의 본성이다.

그리고 나의 오랜 병약함에 관해 말하자면, 나는 건강보다도 병약함에 말할 수 없을 정도로 많은 덕을 입었다. 보다 높은 건강, 그것을 제거하지는 않는 모든 것에 의해서 보다 강해지는 것 같은 건강을 나는 이 병약함에 빚지고 있는 것이다! 나는 나의 철학조차도 이 병약함에 빚지고 있다. 큰 고통이야말로 정신의 최후의 해방자이다. (중략)

나는 그런 고통이 인간을 '개선하는지'에 대해서는 의심을 갖고 있다. 그러나 그것이 우리들을 깊어지게 한다는 사실은 알고 있다. (중략) 우리는 그런 위험한 자기 지배의 단련 속에서 다른 사람이 되는 것이다.

자유의지론을 신봉하는 사람은 운명을 부정하면서 운명에 대한 주체로 우뚝 서려고 합니다. 이러한 사람이 자신의 뜻을 이룬다면 그는 자신을 운명에 대한 승리자로 여기며 의기양양하겠지만, 그것을 이루지 못했을 때는 자기혐오에 빠질 것입니다. 자유의지론의 신봉자는 자신을 세계와 대결하는 자로 보고, 세계를 자신이 마음대로 다룰 수 있는 재료와 같은 것으로 상정합니다. 이에 반해 숙명론에 빠진 사람에게 있어 세계는 자신이 감히 함부로 대항할 수 없는 압도적인 힘으로 나타납니다.

하지만 운명을 긍정하면서 사랑하는 사람에게 있어 세계는 비록 우리에게 가혹한 시련을 가할지라도 우리가 자신을 단련시키고 성숙시키도록 돕는 친구로 나타납니다. 따라서 운명을 사랑하는 사람은 세계에 감사하면서 그것을 사랑합니다. 니체는 이렇게 세계에 감사하고 그것을 사랑함으로써 세계와의 분열과 대립을 넘어선 상태야말로 진정한 행복이라고 보았습니다.

고귀한 인간은
자신의 적을 필요로 한다

고귀한 인간은 실로 자신을 위해서
자신을 탁월한 자로서 구현하기 위해
자신의 적을 필요로 한다.

이 세상은 모든 것들이
힘을 겨루는 세계

　　　　　　　　　　　　　누구나 한 번쯤은 '세상은 왜 이 모양일까?'라고 한탄한 적이 있을 것입니다. 왜 사람들은 서로 사랑하지 못하고 증오하며 싸우는 것일까요? 오늘도 신문 지상을 얼룩 짓는 것은 사람들 간의 크고 작은 다툼과 살인, 반란과 폭력적인 억압 등입니다. 인류 전체를 대상으로 생각해보면 원자탄과 수소폭탄을 비롯한 모든 무기들이 백해무익하다는 것은 누구나 알고 있지만, 지금도 무수한 무기들이 만들어지고 사용되고 있습니다.

　　인간들 간의 갈등과 투쟁을 어떻게 극복할 것인가는 일찍부터 종교와 철학의 중요한 고민거리였습니다. 노자老子와 공자孔子, 부처와 예수 같은 사상가들이나 종교가들은 일찍부터 인간들은 왜 싸우는지, 또 어떻게 하면 이러한 갈등과 투쟁을 극복할 수 있을지에 대해서 고뇌했습니다.

그렇다면 니체는 이런 것들에 대해 어떻게 생각했을까요? 잘 알려져 있지만 니체가 가장 존경했던 사상가 중의 하나는 고대 그리스의 철학자인 헤라클레이토스입니다. 헤라클레이토스는 '투쟁은 만물의 아버지다'라는 유명한 말을 남긴 바 있지요.

니체 역시 헤라클레이토스와 마찬가지로 인간들 간의 투쟁과 갈등을 긍정적으로 본 측면이 있습니다. 그렇다고 무분별한 투쟁과 갈등을 마냥 긍정한 것은 아닙니다. 다만 니체는 마르크스 같은 사람들이 생각하는 '인간들이 서로 형제처럼 사랑하는 사회'는 꿈에 불과하다고 보았습니다.

권력을 축적하고자 하는 의지는 삶의 현상, 양육, 생식, 유산 ― 사회, 국가, 관습, 권력에 특수한 것이다. 이러한 의지가 화학의 주요한 원인이라고 가정할 수 있을까? 그리고 우주적 질서의 원인이라고? 그것은 단지 에너지 보존만이 아니라 에너지 사용의 최대 경제성이기도 하다. 그리하여 유일한 실재란 모든 권력의 중심에서 보다 강력하게 성장하고자 하는 의지가 아닌가. 자기보존이 아니라 동화하고 지배하고 성장하고 보다 강해지려는 의지로서 말이다.

이렇게 니체는 살아 있는 모든 것들은 힘을 추구하며 자신을 강화하고 고양시키려 하기 때문에 세계에서의 투쟁이 불가피하다고 봅니다. 인간의 세계에서뿐 아니라 동물의 세계에도 투쟁은 존재합니다. 많은 동물들이 서로 먹고 먹히는 관계에 있습니다. 니체가 보는 세계에서 살아 있는 것들은 자신의 감각적 욕망을 충족시키기 위해서가 아니라 자신의 힘을 확인하고 증대시키기 위해 싸웁니다. 이 세상은 모든 것들이 서로 힘을 겨루는 세계이고, 니체는 이러한 현실을 냉정하게 인정하는 것이 중요하다고 말합니다.

니체는 그리스인들이 이러한 현실을 이미 냉정하게 인식하고 이 세계를 염세주의적인 시각에서 바라봤다고 이야기합니다. 실레노스Silenos의 이야기는 그리스의 이러한 세계관을 단적으로 드러내고 있습니다.

　손을 대는 것마다 금으로 변했다는 전설 속의 미다스^{Midas} 왕은 어느 날 디오니소스의 시종인 실레노스에게 인간에게 가장 좋고 훌륭한 것이 무엇인지를 물어보았다고 하지요. 이 질문에 실레노스는 꼼짝도 하지 않고 굳어진 채 침묵하고 있었다고 합니다. 하지만 왕이 답변을 강요하자 마침내 껄껄 웃으면서 이렇게 대답했답니다.

　하루살이 같은 가련한 족속이여, 우연과 고난의 자식들이여, 그대는 왜 듣지 않는 것이 그대에게 가장 이로운 것을 내게 말하도록 강요하는가? 가장 좋은 것은 그대에게 불가능한 것이다. 그것은 태어나지 않는 것이며 **존재하지** 않는 것이고 **무**無**로 존재하는** 것이다. 그러나 그대에게 차선의 것이 있다면 그것은 일찍 죽는 것이다.

　니체는 이 이야기를 근거로 그리스인들은 사람들이 보통 생각한 것과는 달리 명랑하고 낙천적인 사람들이 아니었다고 봅니

다. 물론 그렇다고 해서 니체가 그리스 사람들이 염세적이고 우울
한 인간들에 머물렀다고 여겼던 것은 아닙니다. 그는 인간들 사이
의 투쟁을 생산적인 경쟁으로 승화시킴으로써 이러한 염세주의를
극복한 이들이 바로 그리스인이라고 보았으니까요.

왜 경쟁을 싫어하고
두려워하는가

　　　　　　　　　　니체에 따르면 그리스인들은 원래 야만적인 힘에 넘치는 사람들이었습니다. 호메로스Homeros의 《일리아드》에서는 아킬레스Achilles가 자신의 동료를 죽였던 헥토르Hektor를 전차에 매달고 질주하는 장면이 있지요. 그리스인들은 이렇게 잔인하고 무자비하며 승부욕에 불타는 사람들이었습니다.

　　하지만 그리스인들은 이러한 승부욕을 건설적인 경쟁심으로 승화시켜, 올림픽을 통해 서로의 육체적인 힘을 평화적으로 겨루었습니다. 그뿐 아니라 그들은 삶의 모든 면에서 서로 경쟁을 즐겼고, 심지어 비극^{悲劇} 경연대회를 열기도 했습니다. 유명한 비극작가인 소포클레스^{Sophocles}는 이 경연대회에서 무려 다섯 번이나 우승을 했다고 하지요.

니체는 그리스도교나 불교와 달리 사람들 간의 호승심^{好勝心}과 승부욕을 부정적으로 보지 않고, 오히려 그러한 심리나 욕망이 문화 발전의 원동력이 될 수 있다고 여겼습니다. 그리고 그는 그리스인들 역시 그렇게 생각했다고 보았습니다.

고대 그리스인들은 악의와 시기를 우리와는 다르게 생각하였으며, 헤시오도스^{Hesiodos}처럼 판단하였다. 그는 먼저, 서로 대립하는 사람들을 파멸의 전쟁으로 이끄는 에리스^{Eris}를 악이라고 지칭하였으며, 그다음에 질투, 악의, 시기를 가지고 사람들로 하여금 전쟁이 아닌 경쟁을 하도록 부추기는 또 다른 에리스를 선이라고 찬양했다.

에리스는 불화^{不和}의 여신이지만 헤시오도스는 이러한 에리스에 선한 에리스와 악한 에리스가 있다고 보았습니다. 니체는

심지어 선한 에리스를 우주의 원리라고 보고 있습니다.

> (이 개념은) 헬레니즘의 가장 순수한 원천에서 나온 것으로, (중략) 세계-원리로 탈바꿈한 헤시오도스의 선한 에리스다. 이는 고대 그리스의 체육관과 도장, 예술적인 경기, 정치집단들과 도시국가들의 투쟁에서 생겨나 가장 일반적인 원리로 변모된 (중략) 경쟁이라는 관념으로서, 우주라는 기관은 이 경쟁이라는 원리에 의해 조절된다. (더 나아가, 헤라클레이토스는) 영원하며 유일한 생성, 끊임없이 일하고 생성하지만 결코 존재하지는 않는 모든 실재의 총체적인 불안정성을 가르쳤다. 이것은 무섭고 당혹스러운 느낌이 들게 한다. (중략) 이러한 느낌을 그것의 반대물로, 즉 숭고한 느낌과 행복한 놀라움으로 변모시키기 위해서는 놀라운 강인함이 필요했다.

동양 철학에는 우주를 보는 하나의 이론인 음양오행론陰陽五行論이 있지요. 이 음양오행론도 이 우주에 상생相生만 존재하는 것이 아니라 상극相剋도 존재하고, 상극이 없으면 이 우주의 원활한 운

행도 불가능하다고 봅니다. 만물을 구성하는 근본요소들이라고 할 수 있는 오행은 잘 아시다시피 목木, 화火, 토土, 금金, 수水입니다. 목은 화를 낳고 화는 토를 낳으며, 토는 금을 낳고 금은 수를 낳습니다. 이러한 관계를 상생관계라고 합니다.

이에 반해 목은 토를 극剋하고 토는 수를 극하며, 수는 화를 극하고 화는 금을 극하는데, 이러한 관계를 상극관계라고 합니다. 우주에는 상생관계만 있어도 안 되고 상극관계만 있어도 안 되지요.

물론 니체도 우주에 존재하는 것이 경쟁과 투쟁뿐이라고 보지는 않습니다. 하나의 사회만 해도 경쟁과 투쟁만으로는 운영될 수 없기 때문에 사람들은 협업이나 분업을 통해서 서로를 돕습니다. 농부가 만든 쌀이 없으면 공장에서 일하는 사람이 살 수 없을 것이고, 공장에서 만든 농기구가 없으면 농부는 농사짓는 데 애로가 많겠지요.

그런데 사람들은 흔히 협동과 협조는 긍정적으로 보는 반면 경쟁은 부정적으로 봅니다. 그러나 니체는 경쟁이 없는 사회는 발전이 없다고 생각했습니다. 경쟁을 통해서만 사람들은 자신들의 힘을 최대한으로 발휘하고 자신을 뛰어난 인물로 만들기 위해서 최선을 다하게 된다는 것입니다. 니체는 이렇게 말하고 있습니다.

그리스의 예술가들, 예를 들어 비극작가들은 우승을 하기 위
해 시를 지었다. 그들의 모든 예술은 경쟁과 분리해서는 생각
할 수 없다. 헤시오도스의 선한 에리스, 즉 공명심이 그들의
천재성에 날개를 달아주었다.

자기 자신과 친구에게는 정직하게,
적에게는 용감하게

니체가 모든 종류의 경쟁이나 투쟁을 긍정한 것은 아닙니다. 니체는 힘이 압도적으로 강한 자들이 자신보다 약한 자들과 겨루는 것은 비겁하다고 보았습니다.

예를 들어 오늘날 한국의 대기업들은 골목시장에 침투하여 소상인들이나 소규모 자영업자들을 몰락시키고 있습니다. 니체가 이러한 사태를 보았다면 대기업의 사장들에게 창피한 줄 알라고 호통을 쳤을 것입니다. 그는 투쟁이나 경쟁이 정당화될 수 있는 경우는 다음과 같은 경우뿐이라고 말합니다.

적과 대등하다는 것 — 이것이 대개 성실한 결투의 첫째 전제다. 상대방을 얕보고 있는 경우, 전쟁은 할 수 없다. 명령을 하는 것 같은 경우, 무언가를 내려다보고 있는 것 같은 경우에는 전쟁을 할 것까지도 없다.

나는 동맹자를 찾아낼 수도 없을 법한 일에 대해서만 고군분투하고, 나만을 위험에 부딪히게 할 것 같은 일에 대해서만 공격한다. 나 자신을 위험에 직면하게 하지 않는 것 같은 일은 나는 공적으로는 한 번도 공격한 적이 없다. 이것이 올바른 행위라는 것에 대한 나의 기준이다.

다시 말해 경쟁과 투쟁은 내가 겨루어야 할 상대가 나와 비등하거나 나보다 더 우월한 존재여서 나 자신을 위험에 처하게 할 때만 정당화된다는 뜻입니다. 이 경우에만 경쟁과 투쟁은 서로가 서로를 강화하고 고양시키는 계기로 작용할 수 있습니다.

이러한 의미의 경쟁과 투쟁을 우리는 '사랑의 투쟁'이라고 부를 수 있을 것입니다. 투쟁이 이렇게 '사랑의 투쟁'이란 형태를 띨 경우에만 사람들은 서로를 존경할 수도 있고 상대방의 승리를 진심으로 축하해줄 수도 있습니다. 이런 식으로 경쟁할 수 있는 사람은 그 결과가 어떠하더라도 상대방을 증오하거나 시기하지 않습니다. 경쟁을 통해서 자신과 타인의 힘을 확인하고 스스로를 고양시키는 것이 목표이기 때문입니다. 이러한 사람들은 아마도 니체가 말하는 네 가지 미덕을 갖춘 이들이겠지요.

네 가지 훌륭한 태도 - 우리 자신과 친구에게는 정직하게, 적에게는 용감하게, 피정복자에게는 관대하고, 그리고 언제나 예의바르게, 이것이 우리가 따라야 할 네 가지 주요한 미덕들이다.

니체가 제일 혐오했던 악덕은 원한이었습니다. 원한에 사로잡힌 자들은 상대방에게 자신이 패했을 때 자신의 실력이나 능력 혹은 노력이 부족했기 때문이 아니라, 상대방이 악한 인간이고 자신은 선한 인간이라서 패했다고 생각합니다. 그러면서 그렇게 악한 인간은 죽어서 지옥에 떨어질 것이라 생각하며 그러한 사태를 기대하거나, 자신이 패한 것은 사회구조가 잘못되었기 때문이라고 여기면서 모든 것을 평등하게 나누는 사회를 꿈꿉니다.

물론 사회구조가 잘못되어 있기 때문에 모든 사람에게 균등한 기회가 보장되지 않는 경우도 있기는 합니다. 이 경우라면 우리는 가능한 한 모든 사람이 기회를 균등하게 누릴 수 있는 사회구조를 만들어야겠지요.

고아로 태어났다 해서 애초부터 교육의 기회와 같은 것을 박탈당해서는 안 될 것입니다. 본인도 열심히 공부하고 지적인 능력도 상당한데 부모가 가난하다는 이유로 대학에 못 가는 사태가 있어서도 안 되겠고요. 다만 니체가 말하고 싶어 하는 것은 모든 것을 사회 탓이나 남 탓으로만 돌리지는 말라는 것입니다. 그것은 비겁하고 정직하지 못한 자세이기 때문이라는 이유에서입니다.

투쟁과 경쟁의 부작용이 원체 커서 그런지 우리는 경쟁이나 투쟁을 부정적으로만 보는 경향이 있습니다. 그러다 보니 사람들은 삶의 모든 부문에서 경쟁이나 투쟁을 제거하자는 사상들에 매료되기도 합니다.

앞에서 이미 언급했지만 저 역시 대학 시절에는 이렇게 경쟁

과 투쟁을 없애고 모든 사람이 서로 도우면서 사는 사회를 만들자는 마르크스주의에 빠진 적이 있습니다. 이에 대해서 니체는 투쟁과 경쟁은 불가피하고, 그것이 불가피한 이상 어떤 형태의 투쟁과 경쟁이 바람직한지를 생각하면서 그것을 발전시켜나가자고 이야기합니다.

　제가 어렸을 때만 해도 동네 의사 선생님들이나 간호사분들은 참으로 불친절했습니다. 그 당시 저뿐 아니라 사람들이 병원에 가기 싫어한 데는 여러 이유가 있었겠지만 의료진들의 불친절도 아마 빼놓을 수 없는 이유였을 것입니다. 그런데 요즘 병원에 가보면 어떻습니까? 정말 친절하지요. 의료진들이 갑자기 착해진 것일까요? 그보다는 병원들 간의 경쟁 때문일 것입니다. 이런 것을 생각하면 경쟁이나 투쟁을 마냥 나쁘다고만 할 수는 없습니다. 그렇기에 우리는 경쟁과 투쟁을 유지하되 이것을 보다 바람직한 형태로 승화시켜나가야 하는 것입니다.

욕망을 없애려고 하지 말고
승화시켜라

　　　　　　　니체의 철학은 승화의 철학이
라고 볼 수 있습니다. 니체는 루소와 마찬가지로 어떤 의미에서는
'자연으로 돌아가라'라고 외치지만, 니체가 생각하는 자연은 루소
가 생각하는 자연과 다르고 또한 니체가 단순히 자연 상태를 회복
해야 한다고 주장하는 것도 아닙니다. 루소와 같은 사람이 문명과
문화에 대해서 '불평등을 초래하고 심화시킨다'라고 비판을 한 반
면에, 니체는 문명과 문화 그 자체를 부정하지는 않습니다. 다만
자연을 거스르고 억압하는 문명과 문화를 비판할 뿐이지요.

니체가 플라톤적인 이원론이나 그리스도교를 비판한 중요한 이유 중의 하나도 그것이 자연을 억압하고 자연을 거스른다는 것이었습니다. 그것들은 인간의 자연스러운 욕망인 성욕을 터부시하여 억압할 것을 강요했고, 경쟁이나 승부욕과 같은 것도 세속적인 명예욕을 부추긴다는 이유로 금기시했습니다.

이에 대해서 니체는 성욕은 남녀 간의 사랑이나 예술적인 창조력으로, 그리고 경쟁이나 승부욕도 생산적이고 건설적인 경쟁 혹은 승부욕으로 승화시켜야 한다고 보았습니다.

관능의 정신화는 **사랑**이라고 불린다. 이것은 그리스도교에 대한 하나의 큰 승리다. 또 다른 승리는 우리처럼 **적의**를 정신화하는 것이다. 이러한 정신화는 사람들이 적을 갖는다는 것의 가치를 깊이 파악하고 있다는 것에 의해서, 요컨대 사람들이 과거에 행하고 생각했던 것과는 정반대로 행동하고 생각하는 것에 의해서 가능해진다. 교회는 시대를 막론하고 자신의 적을 절멸시키려고 했다. 비도덕주의자들이자 반그리스도교인들인 우리는 교회의 존립을 우리에게 이로운 것으로 본다. (중략) 정치에서도 적의는 이제 보다 정신적이 되었고, — 훨씬 더 현명하고 훨씬 더 사려 깊고 훨씬 더 **관대하게** 되었다. 거의 모든 정당이 반대당이 힘을 상실하지 않는 것이 자신을 보존하는 데 유리하다는 사실을 파악하고 있다. 동일한 사실이 위대한 정치에 대해서도 타당하다. 이를테면 새로 건립되는 국가는 친구보다도 적을 더 필요로 한다. (다른 국가들과) 대립하는 가운데서만 그것은 자신을 필연적인 것으로 느끼게 되며 또한 대립하는 가운데서만 비로소 필연적인 것이 **된다**.

실로 성욕이나 경쟁에서 이기려는 호승심은 사람들 사이에 많은 갈등과 투쟁을 낳습니다. 특히 강한 자들이 약한 자들을 무시하고 억누르는 것을 보면 누구나 부아가 치밀어오를 것입니다.

그렇다고 해서 경쟁과 투쟁을 제거해서는 안 됩니다. 니체는 강간 등 여러 가지 사회악을 만들어낸다고 해서 성욕을 제거하려 하거나, 경쟁심이 인간들 간의 갈등을 초래한다는 이유로 경쟁심을 제거하려는 시도는 치통을 막기 위해 치아를 빼버리는 것과 같은 어리석은 행위라고 말합니다.

　또한 니체는 그리스도교가 인간들의 자연스러운 열정인 성욕이나 호승심, 소유욕, 지배욕, 복수심 등을 승화시키지 않고 악으로 단죄하면서 거세하려고 했다고 봅니다. 하지만 그러한 열정들은 삶의 본질에 해당하는 것이기 때문에 그것들을 뿌리 뽑으려는 조치는 결국 삶을 근절하려는 것과 마찬가지라고 비판하고 있습니다.

　　교회가 제시하는 처방과 '치료법'은 **거세**다. 교회는 '어떻게 하면 어떤 욕망을 정신화하고 아름답고 신성한 것으로 만들 수 있는가'라고 결코 묻지 않는다. ─ 교회는 어느 시대에나 (관능, 긍지, 지배욕, 소유욕, 복수심을) 근절하는 것에 계율의 중점을 두었다. ─ 그러나 이러한 정열들을 그 뿌리부터 공격한다는 것은 삶을 그 뿌리부터 공격한다는 것을 의미한다. 따라서 교회가 시행하고 있는 것은 **삶에 적대적인 것이다.**

　더 나아가 니체는 거세라든가 근절과 같은 방법은 사실은 자신의 정념을 적절하게 통제할 수 없을 정도로 의지가 약하고 퇴락한 자들이 자신의 정념과 싸울 때 본능적으로 택하는 방법이라고 말합니다. 자신의 자연스러운 욕망을 제거하려는 사람들을 우리는 흔히 숭고한 사람으로 보기 쉽지만 니체는 사실 그러한 이들은 자신의 욕망을 적절하게 통제할 수 없는 연약한 인간이라고 보는 것입니다.

물론 니체는 금욕주의자라고 하더라도 별 어려움 없이 자신의 욕망을 금할 수 있는 사람을 비난하지 않습니다. 그러한 사람들은 자신을 통제할 수 있는 강한 힘을 가지고 있다고 보기 때문입니다. 다만 자신의 욕망을 통제하지도 못하면서 그것을 단죄하고, 충족되지 못한 욕망과 그런 욕망을 제거하지 못하는 자신의 무능력에 대한 죄책감에 시달리는 금욕주의자가 문제라는 것입니다.

(관능에 대한) 저 적개심, 저 증오는 그러한 본성을 가진 자들이 근본적인 치료를 하거나 이들의 '악마'를 물리칠 수 있을 만큼 더 이상 강하지 못할 때 절정에 달한다. 성직자와 철학자의 역사 전체를, 그것에 덧붙여 예술가의 역사 전체를 살펴보

라. 관능에 대한 가장 심한 독설은 성적으로 무능력한 자들die Impotenten이나 금욕주의자들로부터 나오지 **않고**, 금욕주의자가 될 필요가 있었지만 금욕주의자가 될 수 없었던 자들로부터 나왔다.

거세라든가 근절과 같은 것은 의지가 너무나도 약하고 너무나도 퇴락하여 스스로 절도를 지킬 수 없는 사람들이 욕망과 싸울 때 본능적으로 택하는 방법이다. 즉 그러한 방법은 비유적으로 말하자면(비유적인 말도 아니지만) 라 트랍La Trappe 수도원(엄중한 계율로 유명했던 수도원-저자 주)을 필요로 하는, 다시 말해서 자신과 열정 사이에 일종의 궁극적인 적대선언이라고 할 수 있는 하나의 **단절**을 필요로 하는 사람들이 선택하는 방법인 것이다. 극단적인 수단이 불가결한 사람들은 퇴락한 사람들뿐이다. 의지의 약함, 보다 분명히 말해서, 하나의 자극에 반응하지 **않을** 수도 있는 능력의 결여도 다른 형태의 퇴락일 뿐이다.

경쟁에서 다른 사람들보다 앞서려는 욕망은 사람들에게 본질적으로 존재하기 때문에, 경쟁과 투쟁을 제거하려는 집단 내에도 경쟁과 투쟁은 항상 존재하기 마련입니다. 마르크스주의에 입각한 혁명조직에서도 뛰어난 혁명가가 되려는 경쟁과 투쟁이 있고, 그렇게 인정받는 사람들은 그렇지 못한 인간들을 무시합니다.

따라서 우리는 경쟁과 투쟁을 제거하려 할 것이 아니라 그것이 바람직한 형태를 갖도록 승화시켜야 하고, 우리 자신부터 바람직한 방식으로 경쟁과 투쟁을 해야 할 것입니다. 최소한 자신과 대등한 사람과 투쟁해야 하지 비겁하게 자신보다 못한 사람을 손쉽게 짓누르려고 해서는 안 된다는 뜻입니다.

저는 한때 K-1이라는 격투기 시합을 즐겨 본 적이 있습니다. 어떤 사람들은 어떻게 K-1이라는 잔인한 경기를 즐기느냐며 저의 잔인성을 은연중 나무라기도 하지만, 저는 이 격투기 시합이 참으로 멋있다고 생각합니다. 일단 이 시합에서는 실력이 비슷한 사람들이 서로 반칙을 하지 않고 정정당당하게 싸웁니다. 그리고 이긴 사람이든 진 사람이든 시합이 끝나면 서로 껴안고, 진 사람은 이긴 사람에게 축하를 해주고 이긴 사람은 진 사람을 위로해줍니다.

어쩌면 이러한 태도가 가식일 수도 있겠지만 저는 꼭 그렇게만 보고 싶지는 않습니다. 진 사람이든 이긴 사람이든 최선을 다한 상대방 선수에게 존경심을 품게 되고 진심으로 서로 마음을 교환할 수 있다고 생각하기 때문입니다.

한번은 한 선수가 시합 처음부터 끝날 때까지 상대 선수에게 줄곧 얻어맞은 끝에 패배를 했는데, 그 선수는 마이크를 잡고 관중들에게 이렇게 말했습니다.

"여러분, 저를 이긴 저 선수 정말 멋있지 않습니까? 그에 비하면 저는 너무나 형편없는 졸전을 했습니다. 우리 저 선수를 위해서 박수를 쳐줍시다."

감동적이지 않나요? 이렇게 건강한 승부욕이 사회를 지배할 때만 그 사회는 활력이 넘치고 서로 간에 존경심이 넘치는 곳이 될 수 있을 것입니다.

다섯 번째 질문 :

"신을 믿지 않으면 불행해지는 걸까?"

당신을 위한 신은
어디에도 없다

만일 신의 무덤과 묘비가 아니라면
이 교회들은 도대체 무엇이란 말인가?

니체는 왜 신을
죽여야만 했는가

신은 죽었다! 신은 죽어 있다! 그리고 신을 죽인 자는 바로 우
리다! 살해자들 중의 살해자인 우리가 어떻게 자신을 위로할
것인가?

'신은 죽었다'라는 말이야말로 니체가 남긴 말 중에서 가장
유명한 것이 아닐까 생각합니다. 그런데 니체의 이 말은 매우 역설
적입니다. 신이 인간과 달리 신일 수 있는 이유는 죽지 않는 존재
이기 때문입니다. 따라서 '신이 죽었다'라는 니체의 말은 문자 그

대로의 의미로 받아들이기보다는 상징적으로 해석해야 합니다. 그것은 근대에 들어와 사람들이 신을 믿지 않게 되었다는 사실을 가리킵니다.

　서양의 중세 시대 사람들은 자신들이 부딪힌 문제들을 신에 의지하여 해결하려고 했습니다. 하지만 근대에 들어와서는 자신의 힘으로 해결하려 합니다. 인간이 겪는 고통은 보통 자연 또는 사회에서 오는 것이지요. 폭우나 가뭄처럼 자연으로부터 오는 재해가 있는가 하면 전쟁이나 억압적이고 불평등한 사회구조에서 비롯되는 고통이 있습니다.

　근대인들은 자연에서 비롯되는 재해에 대해서는 과학과 기술을 발전시킴으로써, 또 잘못된 사회구조에서 비롯되는 고통에 대해서는 사회구조의 개혁을 통해서 극복하려 합니다. 이렇게 자신이 부딪힌 문제들을 스스로의 힘으로 해결하려는 인간의 노력은 많은 부분에서 큰 성과를 거두었고 이에 따라 인간은 신보다는 자신의 힘을 더 믿게 되었습니다.

　더 나아가 근대에 들어와 과학이 발달하면서 사람들은 굳이 신을 끌어들이지 않고서도 자연현상을 설명할 수 있게 되었습니다. 그전까지는 벼락을 신의 진노라고 해석했던 사람들이 이제는 그것을 자연법칙에 따라서 설명할 수 있습니다. 또 인류학이나 민속학 같은 사회과학이 발달함에 따라 굳이 그리스도교를 믿지 않는 민족들도 행복하게 잘 살았다는 사실을 알게 되었지요.

그에 따라 그리스도교가 서양 사회에서 갖는 영향력은 중세 시대에 비하면 비교도 안 될 정도로 작아졌다고 할 수 있습니다. 이러한 사태를 두고 니체는 '신은 죽었다'라고 표현한 것입니다.

그럼에도 여전히 그리스도교를 믿는 사람들은 상당히 많고, 이들 중 일부 사람들은 다른 종교들이 이단이라고 치부하거나 우상숭배라는 식으로 배격하고 있습니다. 대부분의 한국 가정에서는 그리스도교를 믿지 않은 사람들과 믿는 사람들 사이에서 제사 문제와 같은 것을 둘러싼 크고 작은 갈등이 있기도 하지요.

니체는 종교란 신이 내려준 것이 아니라 모두 인간이 만들어낸 것이라고 단호하게 말합니다. 종교를 내려주고 은총이나 벌을 주는 하느님이라는 존재는 니체에게 있어 유치하기 그지없는 관념입니다. 니체는 이렇게 유치한 관념은 정작 예수의 가르침과 무관하다고 보고, 제도화된 그리스도교의 가르침과 예수의 가르침을 서로 구별하고 있습니다.

니체에 따르면 예수는 자신뿐 아니라 모든 사람이 하느님의 아들이고, 그렇기에 모든 이들은 동등하다고 믿었습니다. 또한 예수는 모든 종류의 싸움을 피하고 다른 사람들에 대한 증오와 같은 부정적인 감정에서 벗어날 것을 가르쳤습니다.

심지어 악에도 저항하지 말고 애초부터 저항할 능력조차 갖지 말아야 하며, 그 결과로 얻어지는 평화와 온유함 그리고 모든 사람을 형제처럼 사랑하는 상태에서 영원하고 완전한 행복을 발견하라고 설파했습니다. 즉, 예수는 완전한 행복이 내세가 아닌 우리 마음속에 있다고 본 것입니다. '하느님 나라는 너희 안에 있다'라는 것이지요.

이런 의미에서 니체는 예수가 말하는 천국은 사람들이 사후에 가는 곳이 아니라 우리 마음속의 특정한 상태를 가리키는 상징일 뿐이라고 보고 있습니다. '하느님 나라'나 '천국'이라는 말뿐 아니라 '신의 아들', '아버지인 신'과 같이 예수가 했던 말들도 니체가 보기에는 모두 상징에 해당합니다.

'신의 아들'이라는 말은 모든 사물들이 성스럽게 총체적으로

변용되는 지복至福의 느낌으로 진입하는 사건을 상징하고, '아버지인 신'이라는 말은 이러한 느낌 자체, 즉 영원과 완성의 느낌을 상징하고 있다는 것입니다. 이렇게 자신이 말하려고 했던 핵심을 상징적으로 표현했다는 점에서 니체는 예수를 위대한 상징주의자라고 부르고 있습니다.

더 나아가 니체는 '기쁜 소식을 가져온 자'인 예수는 인류를 구원하기 위해서가 아니라 어떻게 살아야만 하는가를 보여주기 위해서 십자가 위에서의 죽음을 택했다고 봅니다. 예수는 자신에 대한 모든 중상中傷과 탄압에 대해서 저항하거나 분노하지 않았으며 자신의 권리를 변호하지도 않고 오히려 자신을 죽이려는 자들을 사랑하면서 죽었다는 것입니다. 예수가 인류에게 남긴 것은 특정한 교리 체계가 아니라 이러한 삶의 모습이었습니다.

니체는 예수의 이러한 가르침은 제도화된 그리스도교의 그것과는 전적으로 다르며 심지어 대립된다고 말합니다. 또한 제도화된 그리스도교의 가르침은 예수가 아닌 바울에 의해서 정립되었다고 봅니다. 예수는 기쁜 소식, 즉 복음福音을 전달했지만 바울은 화음禍音, 즉 나쁜 소식을 만들어낸 자라고 니체는 이야기합니다.

바울은 '기쁜 소식의 전달자'와는 정반대의 유형이었으며, 증오는 물론 그것의 환상과 냉혹한 논리를 만들어내는 데 천재였다는 것입니다. 그는 당시 사회에서 잘나가는 자들에 대한 증오에 사로잡혀서 '예수를 믿지 않는 자들은 지옥에 떨어질 것'이라는 교리를 만들어냈습니다.

니체는 바울을 증오와 원한에 사로잡힌 인간이라고 보면서, 우리가 극복해야 할 가장 저열한 감정은 원한이라고 생각했습니다. 특히 사람들이 원한에 사로잡힌 나머지 자신이 미워하는 인간들을 헐뜯고 그들의 명예나 지위를 손상시키는 것을 니체는 솔직하지 못하고 비겁한 태도라고 여기며 배격했습니다.

니체가 말하는 원한에 사로잡힌 사람들은 자신은 선한데 상대방은 악하다고 생각합니다. 자신의 인생이 제대로 풀리지 않는 이유는 자신의 능력이나 노력이 부족해서가 아니라 상대방이나 사회 혹은 조상 때문이라고 생각하는 것이지요. 이러한 사람들은 훌륭하고 잘난 내가 잘나가지 못하는 이유는 모두 외부에 있다고 생각하기 때문에 자기를 극복하기 위한 노력을 하지 않습니다. 그저 상대방을 깎아내리고 남들이 불행하기만을 바랍니다.

  니체는 바울뿐 아니라 그가 만들어낸 제도화된 그리스도교
의 교리를 믿는 사람들은 모두 이러한 원한에 사로잡혀 있다고 보
았습니다. 더 나아가 니체는 모든 사람이 평등하다고 주장하는 것
과 함께 불평등한 사회구조를 비판하면서 자신들이 잘살고 못사
는 것은 모두 잘못된 사회구조 때문이라고 여기는 사회주의자들
이나 무정부주의자들도 원한에 사로잡혀 있다고 보았습니다. 이
런 의미에서 그는 사회주의나 무정부주의와 같은 평등사상은 제
도화된 그리스도교의 이면에 깔려 있는 원한을 계승한다고 여겼
습니다.

  물론 우리는 사회주의나 무정부주의 그리고 그리스도교를
규정하는 평등사상이 니체가 말하는 것처럼 단순히 원한의 산물
에만 해당되는 것인지에 대해서 의문을 제기할 수 있습니다. 오히
려 우리는 헤겔 같은 철학자처럼 그리스도교의 평등사상을 비롯
한 근대의 민주주의 사상과 사회주의 사상을 오랜 역사과정 속에
서 노동을 담당했던 민중이 자신의 주체성을 자각하면서 갖게 된
사상이라고 볼 수도 있을 것입니다.

  헤겔은 인류 역사의 초기에 사람들은 목숨을 건 인정 투쟁을

벌였다고 보았습니다. 이러한 투쟁에서 죽기를 각오하고 싸운 자들은 주인이 되고, 죽음이 두려워 예속을 택한 자들은 노예가 됩니다. 그러나 역사가 흐르면서 주인은 노예들이 가져다주는 소비물로 향락을 일삼다 보니 아무런 정신적 발전도 이루지 못한 반면에, 노예들은 자신의 이성을 사용하여 자연과 투쟁하면서 자신의 이성적 능력과 주체적인 능력을 자각해나가기에 이릅니다.

이 과정에서 노예들은 자신을 주인과 동등한 인격이라고 생각하게 되는데, 헤겔은 이러한 생각이 반영된 대표적인 최초의 사상 형태가 만인이 신 앞에서 평등하다고 보는 그리스도교이고, 그런 이념을 정치적으로 실현하려 했던 것이 프랑스 혁명이라고 보았습니다.

우리는 그리스도교와 근대의 평등사상이 헤겔이 말하는 것처럼 민중의 정신적 성장에서 비롯된 면이 있다고 생각합니다. 그럼에도 그것들에는 니체가 말하는 것처럼 원한의 정신이 스며들어 있을 수도 있습니다. 니체는 그리스도교의 평등사상이나 그것을 계승하는 민주주의 및 사회주의 사상을 모두 원한의 산물로 여겼습니다. 그리고 이러한 원한을 가장 극렬하게 품고 당시 지배적인 지위에 있던 고위층 유대인들과 로마인들에게 복수하는 교묘한 사상적 수단을 발명한 사람이 바울이라고 보았습니다.

특히 바울은 자신의 원한을 갚기 위한 수단으로 예수라는 인물을 이용했으며, 예수가 원래 상징으로 사용했던 '하느님의 나라'나 '신의 아들'이라는 개념들을 문자 그대로의 조악한 의미로 사용했습니다. 문자 그대로의 의미에서 신의 독생자인 예수를 믿는 자들은 죽은 후 하느님의 나라인 천국에 갈 수 있지만 그렇지 않은 자들은 모두 지옥에 떨어질 것이라고 주장했으니까요.

따라서 바울은 니체와 달리 예수가 살아생전에 어떤 삶의 모습을 보였느냐가 아니라 그가 신의 아들로서 무한한 권능을 갖는다는 사실을 강조했으며, 예수를 인간이 아닌 신이자 구세주로 격상시켰습니다.

이와 함께 바울은 예수의 부활을 날조해냈고, 모든 사람의 관심을 이 현세에서 어떻게 잘살 것인가라는 문제에서 최후의 심판에서 자신이 천국에 갈 수 있는가 아니면 지옥으로 떨어질 것인가라는 문제로 향하게 했습니다.

이렇게 해서 그리스도교는 사랑을 실천하는 종교가 아니라

믿음의 종교, 죽어서 천국에 가는 것을 갈구하는 종교가 되고 말았
습니다. 그리고 그것은 이와 함께 모든 자연적인 것을 악하고 부정
不淨한 것으로 보게 되며 신체와 성욕을 악마시하게 됩니다. 니체는
이렇게 말하고 있습니다.

> 그리스도교적 신 개념 — 병든 자들의 신, 거미로서의 신, 정
> 신으로서의 신 — 은 지상에 출현했었던 가장 타락한 신 개념
> 들 중의 하나다. 그것은 아마도 신들의 유형이 하강하는 과정
> 에서 가장 밑바닥에까지 도달했다는 것을 보여준다. 신은 생
> 을 성스럽게 변용하고 영원히 긍정하는 것으로 존재하는 것
> 대신에 생을 부정하는 것으로 퇴화되고 말았다! 신의 이름으
> 로 생과 자연 그리고 생에의 의지에 대한 선전포고가 행해지
> 다니! 신은 '차안此岸'에 대한 온갖 비방과 '피안彼岸'에 대한 온
> 갖 거짓말을 위한 정식定式이 되고 말았다! 신을 통해서 무는
> 신격화되었고 무에의 의지는 신성한 것이 되었다! (후략)

니체는 바울이 사용한 영혼불멸이나 최후의 심판과 같은 개

념들은 당시의 지배자들에 대한 원한에서 비롯된 것이지만 다른 한편으로는 자신의 권력욕을 채우기 위한 것들이라고 보았습니다. 바울은 그러한 개념들을 무기로 하여 대중을 마음대로 지배하고 가축으로 길들이려고 했습니다.

즉, 사람들이 최후의 심판에서 지옥에 떨어지지 않고 천국에서 영원히 잘살기 위해서는 바울을 비롯하여 신을 대신하는 자들인 성직자들의 지배에 복종해야만 한다는 식으로 사람들을 협박했다는 것입니다. 사실 죽어서 천국에 가기 위해 교회에 다니고 성직자들의 말을 하느님의 말로 생각하면서 떠받드는 사람들은 지금도 여전히 많지요.

예수는 인간의 구원을 위해
죽은 것이 아니다

니체가 예수와 바울을 구별하면서 바울이 예수의 참된 이념을 왜곡했다고 비난했지만 그렇다고 그가 예수를 높이 평가한 것은 아닙니다.

사실 니체가 예수의 정신과 제도화된 그리스도교 정신의 차이를 강조했기 때문에, 니체를 연구하는 많은 학자들은 니체가 예수를 긍정적으로 보았으며 심지어 그가 말하는 초인은 예수와 동일하다는 어처구니없는 주장을 펴기도 했습니다. 그러나 니체는 예수를 '숭고한 것과 병적인 것과 유치한 것이 기이하게 결합된,

가장 흥미 있는 데카당^{décadent}'이라고 표현합니다. 여기에서의 데카당이란 생명력이 쇠약해진 인간을 가리킵니다.

예수는 자신을 적대시하는 자들조차도 사랑하려 했지만 니체는 이러한 예수의 정신이 허약하고 병적인 생리적인 상태에서 비롯된 것이라고 생각했습니다. 다시 말해 그것은 고통과 자극에 대한 지나친 민감성에서 비롯되었다는 것입니다. 그러한 상태는 어떤 것이든 단단한 물체에 닿기만 해도 혹은 그걸 쥐기만 해도 기겁을 하고 움츠러드는, 촉각이 병적으로 민감한 상태와 유사합니다.

이러한 생리적인 상태로 인해 사람들은 모든 현실성을 본능적으로 증오하고 두려워하게 됩니다. 그리고 이러한 것들을 '붙잡을 수 없는 것', '이해할 수 없는 것'으로 치부하고 '내적인' 세계에 안주하는 것을 지향하게 됩니다.

한없이 작은 고통에 대해서마저도 공포를 느끼는 극단적인 감수성 때문에 모든 혐오, 모든 적의, 한계와 거리에 대한 모든 느낌을 불쾌한 것으로 보면서 악에든 악인에게든 더 이상 저항하지 않고 사랑함으로써 정신적 평화를 향유하려고 하는 것입니다.

단적으로 말해서 니체는 예수가 현실적인 자극과 고통을 피하여 내면의 평화로 도피하려 한다고 보았습니다. 이와 관련하여 니체는 예수의 정신은 에피쿠로스^{Epikouros}와 같은 철학자의 쾌락주의가 숭고하게 발전된 것이라고 이야기합니다.

에피쿠로스는 '어떻게 하면 마음의 평안을 획득할 것인가'라는 문제에 대해 평생 사색한 철학자입니다. 그는 정치와 같은 것은 사람들의 마음을 어지럽게 하기 때문에 뜻 맞는 친구들과 함께 시골로 은둔할 것을 권유했습니다.

예수를 이렇게 파악하면서 니체는 그를 부처와 거의 동일한 인물로 보았으며, 양자가 지향하는 것은 궁극적으로 동일하다고 생각했습니다. 예수의 정신과 불교의 정신은 동일한 생리적인 조건에서 비롯된 것이고, 내면적인 평화로 도피해 들어가려는 정신이라는 점에서 근본적으로 같다는 것입니다. 이 점에서 니체는 '인도와는 별로 같은 점이 없는 땅에서 예수의 모습은 부처의 모습처럼 보인다'라고 말하고 있을 뿐 아니라 예수의 운동을 불교적인 평화운동이라고까지 이야기했습니다.

니체는 예수의 실제적인 모습을 가장 잘 파악한 이들이 도스토예프스키^{Fedor Mikhaylovich Dostoevsky}나 톨스토이^{Lev Nikolayevich Tolstoy}와 같

은 러시아 작가들이라고 보고 있습니다. 그는 특히 도스토예프스키의 《백치》에 나오는 무슈킨 백작처럼 남을 미워할 줄 모르는 천진무구한 사람이 예수와 유사하다고 보았습니다.

종교는 연약한 인간들이
만들어낸 허구

니체는 종교를 크게 두 가지 종류로 나누었습니다. 하나는 사람들에게 어떤 죄책감을 강요하지 않고 오히려 사람들의 힘을 강화시키고 고양시키는 종교로, 고대 그리스와 로마의 종교가 그 대표적인 예입니다. 다른 하나는 바울이 만들어낸 그리스도교처럼 지상의 힘이나 쾌락을 죄악시하고 끊임없는 회개를 강요하는 종교입니다.

니체는 종교란 결국은 인간들이 만들어낸 허구라고 생각합니다. 그러나 똑같은 허구들이라도 그것이 갖는 성격은 천양지차로 다룰 수 있습니다. 니체가 보기에 그리스 로마의 신화는 인간의 힘을 강화하고 고양시키는 반면, 그리스도교적인 신화는 인간을 약화하고 병들게 만듭니다.

그리스 로마의 신들은 죽지 않는다는 점 외에는 사실 인간들과 별 차이가 없습니다. 그들은 인간과 마찬가지로 성욕과 식욕을 가지고 있고 사랑도 하고 증오도 하며 서로 힘을 겨루기도 합니다. 이러한 사실을 바탕으로 니체는 그리스인들과 로마인들은 인간이 가지고 있는 자연스러운 본능이나 욕망을 죄악시하지 않았다고 생각합니다. 아니, 더 나아가 니체는 그들이 그런 것들을 신성한 것으로 여겼다고 보았습니다. 그러나 그리스 로마의 종교와 달리 그리스도교는 인간의 자연스러운 본능이나 욕망 그리고 그것들의 충족에서 비롯되는 쾌감을 죄악시합니다. 그렇기에 그리스도교인들은 자신과 갈등을 일으키고 자신을 학대하며 죄책감에 사로잡히게 됩니다.

종교에 대한 니체의 분류는 종교를 인본주의적 종교와 권위주의적 종교로 나누었던 에리히 프롬Erich Fromm의 분류를 생각나게 합니다. 그렇다고 해서 니체의 종교관과 프롬의 종교관이 동일하다는 것은 아닙니다.

일단 두 철학자는 인간을 파악하는 방식에 상당히 큰 차이가 있기 때문에 종교관도 매우 다릅니다. 그것을 여기에서 상세하게 다룰 수는 없지만 그럼에도 양자 사이의 공통점은 종교란 결국 인간이 만들어낸 것이고 신을 위한 것이 아니라 인간을 위한 것이 되어야 하며, 인간을 성숙시키고 발전시키는 데 기여해야 한다는 문제의식입니다.

프롬은 비판적으로 사고하고 다른 인간들을 돕고 사랑할 수 있는 인간의 잠재력을 실현하는 데 도움이 되는 종교는 인본주의적 종교, 이러한 잠재력을 오히려 손상시키고 억압하는 종교는 권위주의적 종교라고 부르고 있습니다. 그는 그리스도교 내에는 인본주의적 요소와 권위주의적 요소가 동시에 포함되어 있다고 봅니다.

그리스도교 내에 있는 권위주의적 요소의 예로는 그리스도를 믿어야만 천국에 간다는 식의 교리를 들 수 있습니다. 이 경우 그리스도를 믿는다는 것은 '예수가 하느님의 독생자로 태어나 인류의 원죄를 짊어지고 십자가에 못 박혀 죽었다'라는 사실을 믿고 주말마다 교회 예배에 참석하며 십일조를 바치는 것을 가리킨다고 할 수 있습니다.

그런데 '예수가 하느님의 독생자로 태어나 인류의 원죄를 짊어지고 십자가에 못 박혀 죽었다'라는 사실을 믿는다고 끊임없이 고백하면서 주말마다 교회 예배에 참석하고 십일조를 바침으로써 사람들이 보다 성숙해진 이성이나 보다 큰 사랑을 갖게 될까요? 오히려 자신들만이 천국에 가도록 약속받았다고 자부하면서 다른 종교들은 이단이라고 배격하는 독선과 아무것도 회의하지 말고 믿어야 한다는 무비판적인 맹신만을 키우는 것은 아닐까요?

이러한 권위주의적 태도는 쓰나미가 태국과 일본을 덮쳤을 때 '그 나라들에서 쓰나미가 일어난 것은 그 나라 국민들이 그리스도교를 믿지 않고 미신을 믿었기 때문'이라고 말했던 일부 목사들의 태도에서 가장 잘 나타납니다. 이 경우의 하느님은 자기를 믿는 자는 사랑하지만 그렇지 않는 자는 몰살시키는, 극히 편협한 하느님입니다.

그러나 그리스도교에는 인본주의적인 성격도 존재합니다. 그리스도교에서 하느님은 아무런 조건 없이 사랑하는 하느님이라고 말합니다. 이러한 무조건적인 사랑의 하나님은 자신을 믿는다고 해서 특별히 사랑하지 않고 또한 그렇지 않다고 해서 내치지도 않습니다. 이 하느님은 무조건적인 사랑인 아가페agapē로 충만해 있습니다.

이러한 사랑의 하느님에 가장 가까이 가는 길은 '예수가 하느님이다'라고 끊임없이 고백하고 갖가지 예식에 참여하는 것이 아니라 성숙한 지혜로 사람들과 뭇 생명을 사랑하는 것입니다. 예수는 설령 그리스도교를 모르더라도 목마르고 허기진 사람에게 물과 먹을 것을 아무런 아낌없이 주는 사람이 하느님과 진정으로 가까이 있는 사람이라고 말합니다.

구약성서와 신약성서에서 인본주의적 종교의 정신을 표현하고 있는 구절들의 예로는 다음과 같은 것들이 있습니다.

· 너희가 나에게 번제물이나 곡식제물을 바친다 해도 내가 제물을 받지 않겠다. (중략) 너희는 다만 공의가 물처럼 흐르게 하고, 정의가 마르지 않는 강처럼 흐르게 하여라(아모스 5:22-24)

· 너희가 여기 내 형제자매 가운데 지극히 보잘것없는 사람

하나에게 한 것이 곧 내게 한 것이다(마태복음 25:40)

· 누가 나의 어머니고 나의 형제냐? (중략) 하늘에 계신 내 아버지의 뜻을 따라 사는 사람들이 내 형제요 자매요 어머니이다

(마태복음 12:48-50)

· 지금까지 하느님을 본 사람은 없다. 그러나 우리가 서로 사랑하면, 하느님이 우리 가운데 계시고, 또 하느님의 사랑이 우리 가운데서 완성된 것이다 (중략) 사랑 안에 있는 사람은 하느님 안에 있고 하느님도 그 사람 안에 계신다

(요한1서 4:12-16)

권위주의적인 종교를 믿으면 믿을수록 사람들은 자신들만이 절대적 진리를 믿고 있다고 생각하는 오만한 인간이 되며 다른 종교나 사상은 모두 허위 내지 이단이라고 배격하는, 배타적이고 독선적이며 편협한 인간이 됩니다.

십자군 전쟁 이래 오늘날까지 그리스도교와 이슬람 사이에서는 심각한 갈등이 전개되고 있지만, 이러한 갈등은 무엇보다도

그리스도교와 이슬람을 믿는 대다수의 사람들이 권위주의적인 방식으로 그것을 믿기 때문에 발생합니다. 그리스도교 신자들은 신은 오직 여호와란 이름으로 불러야 한다고 고집하고, 이에 반해 이슬람 신자들은 신은 알라라고 불러야 한다고 주장합니다.

이러한 권위주의적인 현상은 종교뿐 아니라 유사종교라 할 수 있는 정치적 이데올로기가 지배하는 곳에서도 나타납니다. 나치즘이나 볼셰비즘Bolshevism에서는 독일 민족이나 프롤레타리아proletariat를 인류를 구원할 신으로 신격화하는 동시에 자신이 독일 민족이나 프롤레타리아의 덕성을 대표적으로 구현하고 있다고 주장하는 히틀러Adolf Hitler나 스탈린Iosif Stalin, 김일성과 같은 사람들도 신격화합니다.

김일성과 김정일 그리고 김정은을 신처럼 숭배하는 북한과 같은 사회야말로 권위주의적 종교가 갖는 모든 부정적 현상이 가장 극명하게 나타나는 곳이라고 할 수 있습니다. 오늘날 북한은 김일성, 김정일, 김정은 이외의 신은 인정하지 않습니다. 아울러 북한 사람들은 훌륭한 인민으로 평가받기 위해 주체사상이라는 교리를 맹목적으로 믿어야 하고 정부나 공산당에서 벌이는 갖가지

행사에 참여하여 충성을 맹세하는 동시에 자신의 충성심을 보여야 합니다.

이러한 권위주의적인 종교는 그것이 종교라는 형태로 나타나든 정치적 이데올로기라는 유사종교의 형태로 나타나든 모두 구복주의求福主義적 성격을 띱니다. 사람들이 그리스도교나 이슬람의 교리나 주체사상의 교리를 무조건적으로 믿으려고 하는 이유는 사실 하느님이나 김정은이 아닌, 자신의 안락을 위해서입니다. 사람들은 천국에 가기 위해 그리스도교나 이슬람을 믿고, 훌륭한 인민으로 평가받아 평양 시민 혹은 공산당원이 되기 위해서 주체사상을 신봉합니다. 따라서 권위주의적 종교를 믿으면 믿을수록 사람들은 이기적인 존재가 됩니다.

이에 반해 인본주의적 종교의 경우 그것을 믿을수록 사람들은 사랑과 성숙한 지혜에 가득 찬 존재가 됩니다. 이러한 인본주의적 종교에서 신이란 존재는 인간이 지향하는 이상적인 덕성인 사랑과 자비 그리고 지혜를 완전히 구현한 존재를 상징합니다. 이때의 지혜는 현실에서 영악하게 자신의 이익을 챙길 수 있는 지혜가 아니라 우리 삶에서 정말로 중요한 것과 그렇지 않은 것을 구별하면서 정말로 중요한 것에 자신을 바칠 줄 아는 지혜입니다.

우리는 우리가 죽으면 가지고 갈 수도 없는 무상한 것들에 집착하면서 그것들을 가능한 한 많이 소유하기 위해 자신의 온갖 에너지를 쏟습니다. 이러한 노력 끝에 많은 것을 소유하게 된 사람들은 세속적인 면에서 지혜로운 자들로 평가받을지 모르지만, 인본주의적 관점에서 본다면 정작 중요한 것을 실현하지 못했기에 어리석은 이들로 간주될 것입니다.

인본주의적 종교를 믿는 사람들의 과제는 자신 안에 존재하는 사랑이나 자비와 같은 이성적 잠재력을 실현하는 것입니다. 이러한 인본주의적 종교를 믿으면 믿을수록 사람들은 사랑과 자비에 가득 차고, 또한 다른 이들로 하여금 스스로 자신의 본성을 찾도록 돕는 깊은 지혜를 갖게 됩니다. 에리히 프롬은 이러한 인본주의적 종교의 구현자를 부처나 예수 그리고 가톨릭 신비주의자인 마이스터 에크하르트Meister Eckhart와 같은 사람들에게서 찾고 있습니다.

대지에 뿌리를 내린
나무처럼 살아라

　　　　　　　　니체와 프롬은 이처럼 인간의
잠재력을 강화하는 데 기여하느냐 기여하지 않느냐를 기준으로
종교를 구별하고 있습니다. 이들은 이러한 구별이 어떤 종교가 인
격신을 믿느냐 믿지 않느냐 또는 유일신을 믿느냐 믿지 않느냐라
는 구별보다 훨씬 더 중요하다고 봅니다.

　하지만 이런 공통점이 있음에도 니체와 프롬은 인간이 계발해
야 할 잠재력에 대해서는 다른 의견을 보입니다. 이 점은 프롬이 인
간의 잠재력을 가장 잘 구현한 사람들로 부처와 예수와 같은 종교

적인 성인을 내세운 반면, 니체는 카이사르Gaius Julius Caeser나 나폴레옹 같은 인간을 예로 들고 있다는 사실에서 분명하게 드러납니다.

니체는 종교적 성인들처럼 인간이 자신의 자기중심성과 호승심을 완전히 버리는 것은 불가능할 뿐 아니라 바람직하지도 않다고 봅니다. 오히려 그는 인간이 자신의 자기중심성과 호승심을 긍정적으로 승화시켜야 한다고 생각했습니다. 모든 사람들과 집단들이 서로 힘을 겨루는 현실적인 상황에서 자기중심성을 버리는 것은 사실 자멸을 택하는 것이나 마찬가지이기 때문입니다.

진정한 불교도나 진정한 그리스도교인이라면 외적이 쳐들어오더라도 무기를 들고 맞서 싸우기보다는 그 외적에게 평화를 역설해야 할 것입니다. 예수는 오른쪽 뺨을 맞으면 왼쪽 뺨까지 내주라고 말했지요. 부처 역시 당시 자신이 태어났던 사카Saka족을 코살라국(Kosala, 고대 북인도의 왕국)이 정복하려 했을 때 사카족을 단결시켜 코살라국에 대항하지 않고 오히려 그들이 침공하는 길에 묵묵히 앉아 있을 뿐이었습니다. 부처의 그런 모습을 보고 코살라국은 세 번에 걸쳐서 물러갔지만, 그들이 네 번째 침공했을 때 부처는 전생의 업보라 여기며 그것을 의연하게 받아들였습니다.

이에 대해 니체는 모든 사람들과 집단들이 서로 힘을 겨루는 현실에서 사람들은 다른 이들이나 집단을 압도하려는 호승심과 용기 그리고 자신에 대한 긍지와 그때마다의 상황에 기민하게 대처하는 민활한 지혜를 계발해야 한다고 보았습니다. 카이사르나 나폴레옹 같은 사람들은 자기중심적인 호승심을 자기 발전의 동력으로 삼았기에 남들보다 더 강한 용기와 긍지 그리고 리더십을 갖는 인간이 될 수 있었습니다.

국가들이 서로 경쟁하고 하나의 국가 내에서도 여러 집단들이 서로 경쟁하는 오늘날의 현실에서 사실 그리스도교와 불교의 진정한 이념은 실현되지 않고 있습니다. 지금 우리가 주위에서 보는 그리스도교와 불교는 자신들의 진정한 이념을 실현하기보다는 현실과 적당하게 타협하는 쪽에 가깝습니다. 사람들은 불교도나 그리스도교도를 자처하면서도 군대에 입대해서 소위 적들을 효과적으로 살육하는 방법을 배우고 있지요.

니체는 이렇게 국가들이 서로 경쟁하고 하나의 국가 내에서도 여러 집단과 개인들이 서로 경쟁하는 상태는 사라지지 않을 것이라고 보았습니다. 니체는 심지어 '생은 근본적으로 정복과 착취를 자신의 본질로 갖는다'라고까지 이야기했습니다. 이러한 현실에서 그는 예수와 부처가 내세우는 사해동포주의四海同胞主義적인 가치는 인간들을 무기력한 수동성으로 몰아갈 수 있다고 봅니다. 이러한 사해동포주의적인 사랑 대신에 니체는 다음과 같은 가치를 내세웁니다.

> 긍지, 거리를 두는 파토스, 큰 책임, 원기 발랄함, 멋진 야수성, 호전적이고 정복적인 본능, 열정과 복수와 책략과 분노와 관능적 쾌락과 모험과 인식의 신격화 (후략)

니체는 이러한 가치를 실현하고 있는 종교를 무엇보다도 그리스와 로마의 종교에서 찾았습니다. 그리스와 로마의 종교는 형제애를 부르짖는 사해동포주의적인 종교가 아니라 그 민족의 위대함과 영광을 찬양하면서 그들에게 강한 자부심과 긍지를 부여하는 종교입니다.

이러한 종교가 믿는 신들은 전적으로 선한 신이 아니라 선악을 넘어서 있습니다. 신들은 사랑과 자비 그리고 도덕적인 고상함으로 가득 찬 신들이 아닙니다. 그들은 오히려 거만하고 승리감에 차 의기양양해하며, 우리의 통상적인 선악 개념으로부터 볼 때는 악이라고 간주되는 행위도 서슴없이 행합니다. 예를 들어 제우스는 못 말리는 바람둥이입니다. 그리스와 로마의 신들은 이 세계에 존재하는 여러 가지 힘이나 인간의 정염들을 신성화하고 있다고 할 수 있습니다. 니체는 이렇게 말하고 있습니다.

> 신을 반反자연적으로 거세하여 선하기만 한 신으로 만드는 것은 이러한 종교에서는 전혀 바람직한 일이 아니다. 이는 우리가 생존하는 것이 반드시 관용과 호의 덕분만은 아니기 때문이다. 분노, 복수, 질투, 조소, 간계, 폭력, 승리와 파괴의 황홀한 열정을 알지 못하는 신은 아무런 소용이 없다.

니체는 그리스도교가 믿는 신이나 불교가 숭배하는 부처를 거세된 신이자 여성화된 신으로 여깁니다. 그는 그리스도교가 붕괴한 현실에서 그리스도교의 인격신을 대신할 새로운 이상이 필요하다고 보았습니다. 그는 그러한 이상을 초인에게서 찾았고 모든 사람이 고난과 고통을 겪을 때 인격신에 의존하기보다는 강한 정신력과 생명력을 지닌 초인이 되어 어떠한 고난과 고통도 흔연히 받아들이면서 현실을 긍정하고 자신의 운명을 사랑하기를 바랐습니다.

이러한 초인을 니체는 '예수 그리스도와 카이사르를 종합한 인간'이라고 말합니다. 초인은 강한 긍지와 용기 그리고 민활한 지혜를 갖추고 있으면서 자신보다 강한 자에 대해서는 의연하고 도전적이지만 패자에 대해서는 관용과 자비를 베풀 줄 아는 자를 가리킵니다. 니체는 신이 죽은 자리에 초인의 이상理想이 들어서야 한다고 이야기합니다.

보라, 나는 그대들에게 초인을 가르친다!
초인은 대지의 뜻이다. 그대들의 의지는 초인은 대지의 뜻이라고 말한다. 나의 형제들이여, 내가 그대들에게 맹세하거니와 이 대지에 성실하고 천상의 희망에 대해서 이야기하는 자들을 믿지 말라! 그들은 자신들이 알든 모르든 독을 섞는 자들이다.

그들은 삶을 경멸하는 자, 죽어가는 자, 독에 중독된 자들이며 이 대지는 그들에게 지쳐 있다. 그러므로 그들이 죽어가는 것은 당연한 일이다. 전에는 신에 대한 모독이 가장 커다란 모독이었다. 그러나 이제 신은 죽었고 그와 더불어 신의 모독자들도 사라졌다. 이제는 대지에 대한 모독이 가장 무서운 것이다.

세계를 피안과 차안으로 나누고 차안을 고해 세상이나 눈물의 골짜기로 보면서 폄하하는 반면 피안을 어떠한 고통도 존재하지 않는 천국으로 보는 이원론적인 사고방식을 니체는 쇠퇴하고 있는 생명력의 징후라고 보았습니다.

덧없이 생성 소멸하는 이 세계를 스스로의 힘으로 견뎌낼 수 없을 정도로 생명력이 쇠퇴한 자들은 이 세계가 아닌 다른 세계를 만들어냄과 동시에 이 세계를 가상으로 보고 다른 세계를 참된 것으로 보면서 이 세상에 복수한다는 것입니다.

이 세계가 아닌 '다른' 세계를 꾸며내어 이야기하는 것은 삶을 비방하고 깔보고 탓하는 본능이 우리 안에 강하게 존재하지 않는 한 아무런 의미도 갖지 않는다. 그런 본능이 강할 경우 우리는 '다른' 삶, '보다 나은' 삶에 대한 환상을 만들어내어 삶에 **복수한다.**

니체에게 이 세계는 무수한 힘에의 의지들이 맹목적으로 자신들의 힘을 추구하는 세계입니다. 이러한 세계를 넘어서는 피안이나 내세도 없습니다. 이런 현실을 있는 그대로 받아들이는 것은 너무나 끔찍하기 때문에 사람들은 하느님이나 내세나 천국을 만들어놓고 그것들에 의존하려고 합니다.

니체는 그리스도교 못지않게 플라톤Platon 이래의 서양의 전통적인 철학 역시 생성 소멸하는 현실 세계를 가상으로 보고 그 위에 영원불변한 참된 세계가 존재한다고 보면서 사람들에게 달콤한 위안을 제공하려고 했다고 생각합니다. 하지만 그는 앞으로의 철학은 현실을 있는 그대로 받아들이면서 현실 자체에 입각하는 것이어야 한다고 봅니다.

하나의 정신이 얼마나 많은 진리를 견뎌내는가, 얼마나 많은 진리와 과감히 부딪힐 수 있는가? 이것이 나에게는 갈수록 더 본래적인 가치 기준이 되었다. 오류(이상에 대한 믿음)는 맹목적인 것이 아니라 비겁한 것이다. (중략) 인식에 있어서의 모든 성과와 전진은 용기로부터, 자신에 대한 가혹함으로부터, 자신에 대한 결벽으로부터 비롯된다. (중략) 나는 이상을 반박하지 않으며 다만 그것들 앞에서 장갑을 낄 뿐이다. (중략) 우리는 금지된 것일수록 얻으려 애쓴다Nitimur in vetitum. 이런 표지 아래 나의 철학은 언젠가는 승리할 것이다. 왜냐하면 사람들은 지금까지 근본적으로 항상 진리만을 금지해왔기 때문이다.

또한 니체는 동생인 엘리자베트에게 "진리라는 것은 가장 끔찍하고 추할 수 있다. 따라서 네가 마음의 평화와 행복을 원한다면 믿음을 가져라"라고 말한 적이 있다고 합니다. 니체는 전통적인 종교와 철학에 대해서 회의하고 투쟁할 것을 요구합니다. 이러한 회의와 투쟁만이 인류를 남자답게 만들고 강하게 성장시킨다는 것입니다.

내세에 대한 환상은 인간정신으로 하여금 지상 세계에 대해 그릇된 태도를 갖게 만들었다. 그것은 각 민족의 유년기가 만들어놓은 산물이다. (중략) 끊임없는 회의와 투쟁을 통하여 인류는 남자다워진다. 인류는 종교의 시작과 중간과 종말이 자신에게 달려 있음을 인식한다.

니체는 근대인에게 그리스도교나 이원론적인 서양의 형이상학은 더 이상 삶의 의미와 방향을 제시해줄 수 없다고 봅니다. 아직 유아기적인 수준의 정신 상태에 있었을 때 인류는 환상을 만들어 그것에 의존할 필요가 있었지만 이제는 더 이상 그러한 것들을 믿을 수 없을 정도로 성장했다는 것입니다. 이렇게 성장한 인류에게는 새로운 삶의 의미와 이상이 필요합니다. 니체는 이렇게 말하고 있습니다.

미래의 인류에게는 지금까지 전쟁과 고난을 초래했던 '신'이나 '죄'와 같은 개념들도 어른의 눈에 비친 아이의 장난이나 고통처럼 사소한 문제로 전락할지도 모른다. 그때 어른들은 새로운 장난감과 고통을 필요로 하리라.

니체는 인간의 잠재력을 믿습니다. 현실의 인간은 강인한 의지로 모든 고통과 고난을 이겨내면서 자신에게 맡겨진 과업을 성취할 수도 있습니다. 그러나 신에게 소망할 때의 인간은 지극히 초라해져서, 자신을 무력한 존재로 여기면서 신에게 모든 것을 해줄 것을 간구합니다. 이 점에서 니체는 소망하고 있는 인간보다 자신의 비위를 거스르는 것은 없다고 말합니다.

소망하고 있는 인간보다도 철학자의 비위를 거스르는 것은 없다. (중략) 철학자가 활동 중에 있는 인간만을 본다면, 그리고 가장 용감하고 가장 교활하며 가장 끈질긴 이 동물이 미궁과 같은 곤경 속까지도 헤매 들어가는 것을 본다면, 인간은 그에게 얼마나 경탄스러운 존재로 보이는가! 이러한 인간은 철학자의 마음에 든다. (중략) 그처럼 경외할 만한 인간이, 소망할 때는 존경받을 가치를 완전히 상실하게 되는 것은 무엇 때문일까? 실재로서는 그렇게 유능하다는 것에 대해 보상을

해야 하는 것일까? 그는 자신의 행위를, 자신의 모든 행위에 수반되는 두뇌와 의지의 긴장을 상상적이고 터무니없는 것 속에서 휴식을 취하는 것으로 상쇄시켜야만 하는 것일까? ― 인간의 소망의 역사는 이제까지 인간의 치부였다.

니체는 우리에게 나무처럼 살 것을 요구합니다. 나무는 대지에 뿌리를 박고 있으면서도 끊임없이 위를 향합니다. 이와 마찬가지로 우리는 천상을 우리가 돌아가야 할 고향으로 희구希求하지 말고 이 지상에 굳게 뿌리를 내리고 지상의 삶을 긍정하면서 초인의 고귀한 이상을 실현하기 위해 노력해야 합니다.

이 유성에 살고 있는 온갖 주민들 가운데서도 내게는 수목들이야말로 가장 고귀한 것처럼 보인다. 그들은 확실히 가장 완벽한 균형감을 표명하고 있다. 그들은 그들을 낳아준 대지 속으로 더욱 깊이깊이 빠져 들어가는 저들의 뿌리를 포기하지 않고서도 끊임없이 위를 향해 뻗으려고 노력하는 것이다.

신념은
삶을 짓누르는 짐이다

위대한 인간은 필연적으로 모든 일에 회의를 품는 사람이다.
신념에 가득 찬 사람은 필연적으로 나약한 인간인 것이다.

성장을 두려워하는 자가
신념을 만든다

허무주의에 사로잡혀 인생에는 아무런 의미가 없다고 생각했던 고등학생 시절에도 저는 제 삶에 의미를 부여해줄 절대적 진리를 구하고 있었습니다. 그러한 절대적 진리는 정교한 이론의 형태로 나타날 것이라고 생각하면서 다양한 종교적, 철학적 교설教說을 기웃거렸지요.

그러면서 저는 니체와 키르케고르, 하이데거와 야스퍼스와 같은 사상가들을 중심으로 한 실존철학이 삶의 의미를 마련해줄 것이라 기대하게 되었고, 대학에 들어가면 꼭 실존철학에 천착하겠노라고 마음먹었습니다. 실존철학이 저를 허무주의의 늪에서 구해줄 것이라는 기대가 그 시기를 버티게 해준 유일한 힘이었던 것 같습니다.

그러나 앞에서 이미 말씀드린 것처럼 대학에 입학한 후 제 인생행로는 전혀 예상하지 않은 방향으로 흘러갔습니다. 고등학교 선배에게 이끌려 이념 서클에 참여하게 된 저는 그곳에서 민족의 장래를 걱정하고 민중의 해방을 외치는 선배들을 만났습니다.

저는 그때 자기 자신보다도 민족과 민중을 사랑하는 사람들을 난생 처음으로 접하면서 그들에게 매료되었습니다. 얼마 지나지 않아 그 서클이 마르크스주의를 금과옥조처럼 여긴다는 것을 알게 되었지만, 1학년 여름방학 때 미국의 유명한 마르크스주의 경제학자인 폴 스위지Paul Malor Sweezy의 《자본주의 발전의 이론》을 두 번에 걸쳐 독파한 후 저는 확신에 가득 찬 마르크스주의자가 되고 말았습니다.

지금도 그 책이 전개하는 정교한 논리에 빠져서 책을 손에서 놓지 못했던 제 모습이 눈앞에 선합니다. 그때 저는 절대적 진리를 발견했다고 믿었고 그와 함께 고등학교 시절 3년 동안 저를 진저리나도록 괴롭혔던 허무주의에서도 해방될 수 있었습니다. 마침내 삶의 확실한 의미와 방향을 발견했다고 믿으면서 말입니다.

그렇게 허무주의의 늪에서 벗어났지만 저는 사실 어떤 특정한 이론 체계에 사로잡혀 그것의 시각으로 모든 것을 보고 재단하는 독선적이고 편협한 인간이 되어버렸습니다. 저는 그 후부터는 교수님들의 강의를 우습게 여기기 시작했습니다. 나는 이미 절대적인 진리를 발견했으니 교수님들에게서 배울 것은 없다고 생각했을 뿐 아니라 교수님들은 부르주아 반동이데올로기를 학생들에게 주입하고 있다고 생각하게 된 것이지요.

독서 또한 극히 편향된 방식으로만 하게 되었습니다. 저는 마르크스주의를 정당화하는 입장에서 쓰인 책들만 읽으면서 마르크스주의를 변호하는 제 논리를 강화하는 데만 급급했고, 마르크스주의를 비판하는 책들은 부르주아 이데올로기에 사로잡힌 것으로 단정하면서 무시해버렸습니다.

동기들이나 후배들과 토론할 때도 마르크스주의를 상대방에게 심어주겠다는 의도가 앞서서, 말만 토론이지 사실은 선전과 선동으로 일관했습니다. 따라서 상대방이 마르크스주의를 받아들이지 않을 때 저는 그 이유를 상대방이 부르주아 허위의식에 사로잡혔기 때문이라고 단정했습니다. 그런 정신 상태였으니 아무리 많은 독서와 토론을 하더라도 세계를 보는 시야는 넓어질 수 없었고 항상 편협한 상태로만 남아 있었지요.

이렇게 하나의 이데올로기에 온통 사로잡힌 채 거의 7년여를 보내던 저는 점점 마르크스주의에 회의를 갖게 되었고 종국에는 그것을 포기하기에 이르렀습니다.

마르크스주의를 버린 후 허무주의가 다시 저를 엄습해왔지만 그래도 저는 어떤 특정한 이론 체계에 구속되지 않은 자유로운 시각을 확보하게 되었습니다. 가슴 한편이 공허해지긴 했지만 다른 한편으로는 후련하게 탁 트이기도 했고요. 그 후로 저는 다양한 입장의 책들을 읽으면서 인간과 세상을 보는 시야를 넓힐 수 있었고 독서의 기쁨을 새삼스럽게 실감할 수 있었습니다.

그러나 토론에서는 아무런 기쁨을 느낄 수 없었습니다. 마르크스주의를 버린 후 참된 사상을 찾고 싶어서 입학하게 된 서울대 철학과 대학원에서도 대부분의 학생들을 지배하고 있었던 것은 마르크스주의였습니다. 저는 수업시간에 이들 마르크스주의자들

과 토론하곤 했지만 토론을 하면 할수록 서로 감정의 골만 깊어진
다는 사실을 확인하면서 종내에는 그것을 기피하게 되었습니다.

그러다가 저는 독일에 유학을 가게 되었고 그곳에서 어떠한
이론체계에도 사로잡히지 않은 선배들을 만나 교류하면서 토론의
즐거움도 느낄 수 있었습니다. 마르크스주의에 사로잡혀 있었을
때 저는 상대방을 논리적으로 압도하여 상대방이 그 이념을 받아
들이게끔 하는 것을 목표로 삼았습니다. 토론을 하면서도 상대방
에게서 무엇인가를 배우려고 하지 않았던 것입니다.

그러나 유학생활을 하면서 토론의 기쁨과 의의는 상대방을
이기는 것이 아니라 상대방에게서 무언가를 배우고 제가 옳다고
믿었던 견해의 문제점을 발견하는 데 있다는 사실을 실감하게 되
었습니다.

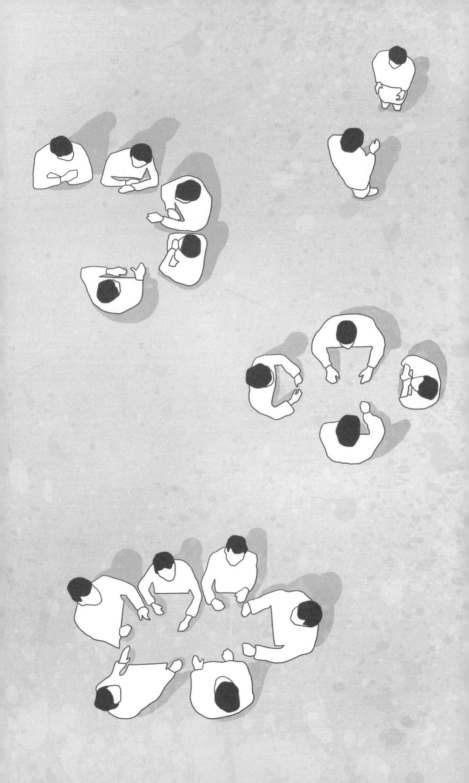

확신은 거짓말보다
위험한 진리의 적이다

우리가 살고 있는 세계와 역사는 끊임없이 변화하고 있습니다. 이렇게 변화하는 세계를 하나의 이론 체계로 완전히 파악하는 것은 불가능합니다. 그런 점에서 니체는 체계를 만들려는 의지는 모두 불성실하다고 보았습니다.

니체는 위대한 지성인들은 모두 회의가懷疑家들이라고 말합니다. 이 경우 회의가는 아무런 진리도 의미도 없다고 절망하는 허무주의자가 아니라 다양한 눈으로 세계를 볼 줄 아는 자유로운 정신을 가진 자를 가리킵니다. 니체는 확신을 가지고 행동하는 사람들을 향해 다음과 같이 이야기합니다.

정신의 강함, 정신의 힘과 정신의 넘치는 힘으로부터 비롯되
는 자유는 회의를 통해서 입증된다. 확신^{überzeugung}을 가진 사
람들은 가치와 무가치와 관련된 근본적인 모든 것을 전혀 고
려하지 않는다. 확신이란 감옥이다. 그것은 멀리도 보지 못하
고 자기 아래도 보지 못한다. 그러나 가치와 무가치에 대해
서 이야기할 자격을 갖기 위해서는 자기 아래에 - 그리고 자
기 뒤에 - 오백 가지나 되는 확신들을 봐야 한다. (중략) 위대
한 일을 하고자 하는 정신 그리고 그것을 실현하기 위한 수단
을 바라는 정신은 회의가가 되지 않을 수 없다. 모든 종류의
확신으로부터의 해방, 자유롭게 볼 수 있는 능력은 강한 힘의
특성이다.

흔히 우리는 어떤 독단적인 확신에 사로잡힌 나머지 그것을
위해서는 자신의 목숨까지도 바치려는 사람들을 강한 사람으로
여기곤 합니다. 그러나 니체는 오히려 그러한 사람들을 약한 사람

으로 봅니다. 그들은 자신의 힘으로 설 수 있는 능력을 상실했기 때문에 어떤 독단적인 확신에 의지하여 삶의 무게를 지탱하려고 한다는 것입니다.

이런 의미에서 니체는 어떤 독단적인 확신을 굳게 믿고 그것을 위해 자신을 희생하려는 인간은 의존적인 인간이며 자기 자신을 목적으로 생각하지 않고 자신을 이념의 수단으로 전락시키는 자라고 말하고 있습니다.

신앙을 가진 인간, 모든 종류의 '믿는 인간'은 필연적으로 의존적인 인간이며 — 자기 자신을 목적으로 정립할 수 없고, 자기 자신으로부터 목적을 정립할 수 없는 사람인 것이다. '신앙인'이란 자기 자신에게 속한 사람이 아니다. 그는 수단이 될 수 있을 뿐이고 사용되어야 하며, 자기를 사용하고 버릴 누군가를 필요로 한다. 그의 본능은 자기소멸entselbstung의 도덕에 최고의 명예를 부여한다. 모든 것이 그에게 자기를 소멸시키도록 설득한다. 확신을 위해서 자신을 희생하게 만든다.

그럼에도 사람들은 어떤 종교적인 확신이나 정치적인 이데
올로기를 위해서 자신을 바치는 사람에게서 큰 감명을 받는 경향
이 있습니다. 이와 관련하여 니체는 "사람들은 어떤 주장이나 확
신의 합당한 근거에 의해서가 아니라 광신자들이 그러한 주장이
나 확신을 위해서 자신을 거리낌 없이 바치는 등의 몸짓에 의해서
더 크게 영향을 받는 경향이 있다"라고 말합니다.

> 확신을 가진 사람은 병적으로 제약된 자신의 관점 때문에, 사
> 보나롤라Savonarola, 루터Martin Luther, 루소Jean-Jacques Rousseau, 로베스
> 피에르Maximilien de Robespierre, 생 – 시몽Louis de Saint-Simon과 같은 광신
> 자들, 즉 강하고 자유로워진 영혼의 반대 유형들이 되고 만다.
> 그러나 이러한 병든 영혼들의, 개념의 간질병자들의 과장된
> 태도가 많은 대중에게 감명을 주고 있다. ─ 광신자들은 근사
> 해 보인다. 인류는 (이성적인) 근거에 귀를 기울이기보다는 몸
> 짓을 보는 것을 더 좋아하는 것이다. (후략)

니체는 특정 종교든 정치적 이데올로기든 어떤 확신에 독단

적으로 사로잡히는 것이 일종의 자기소외이고, 심지어 스스로 노예가 되기를 바라는 태도의 표현이라고 보고 있습니다.

그의 지성, 그의 체험, 그의 허영심이 다 그렇다. 신앙은 어떤 것이든 그 자체가 자기소멸, 자기소외의 한 표현이다. (중략) 자기를 외부로부터 구속하고 고정시키는 규제를 대부분의 사람들이 얼마나 필요로 하는가를 생각해보면, 그리고 강제, 즉 보다 높은 의미에서의 노예제가 어떻게 의지가 박약한 인간, 특히 여자가 잘 살아나갈 수 있는 유일하고도 궁극적인 조건이 되는가를 생각해보면, 우리는 확신과 '신앙'의 본질도 이해할 수 있게 된다.

어떤 독단적인 확신에 의존할 때 우리는 확고한 삶의 의미와 방향을 갖게 되고 이와 함께 살아갈 힘을 얻지만, 그 대가로 다양한 확신들을 자유롭게 비교할 수 있는 사고의 폭과 주체적으로 사고할 수 있는 능력을 상실하게 됩니다. 이런 의미에서 니체는 모든 종류의 독단적 확신은 사람들의 자유로운 사고를 막는 감옥과 같

은 것이라고 생각합니다.

　이와 함께 그는 우리가 수많은 확신들에 대해서 자유로운 태도를 취하면서 그것들을 인간의 생명력을 고양시키는 수단으로 삼을 줄 알아야 한다고 말합니다. 확신의 노예가 될 것이 아니라 그러한 확신을 오히려 우리 자신의 고양과 강화를 위한 수단으로 삼아야 한다는 것입니다.

　(전략) 회의가의 존재 근거이자 그의 존재의 힘인 위대한 정열, 곧 회의가 자신보다도 훨씬 더 개명되고 훨씬 더 전제적인 위대한 정열은 회의가의 지성 전체를 수단으로 이용한다. 그것이 회의가를 대담무쌍하게 만든다. 심지어 그것은 신성하지 못한 수단들을 사용할 수 있는 용기까지 부여한다. 상황에 따라서는 그것은 확신마저도 허용한다. 수단으로서의 확신! 많은 것이 확신에 의해서만 달성된다. 위대한 정열은 확신을 이용하며 확신을 다 사용해버리고 확신에 굴복하지 않는다. ― 그것은 자신을 자신의 주인으로 생각한다.

삶의 무게로부터
자유로워지는 법

인류의 역사를 살펴볼 때 인간의 삶을 위협하는 것 중에서 가장 위험한 것은 특정한 종교적 혹은 정치적 이념에 대한 독단적인 확신이 아닌가 합니다. 아무리 흉악한 연쇄살인범이라도 100명이 넘는 많은 사람을 죽이기는 쉽지 않습니다. 그러나 특정한 종교적인 이념이나 정치적 이념에 독단적으로 사로잡힌 사람들은 하나의 군중을 형성하면서 아무런 양심의 가책 없이 수많은 사람들을 죽일 수 있습니다.

가톨릭이 지배하던 중세 서양에서도 수많은 사람들이 그리스도교의 신을 믿지 않는다는 이유로 이단자 혹은 마녀로 몰려서 죽었지요. 가톨릭에 대항하여 개신교가 나타났을 때에도 이 둘은 서로를 이단으로 몰아대면서 상대를 살육했습니다. 사회에서 종교가 갖는 영향력이 약화되었을 때는 민족주의나 나치즘, 마르크스주의 등의 정치적 이데올로기들이 사람들의 정신적인 공백 상태를 메웠고, 그럼으로써 종교전쟁 못지않게 살벌하고 잔인한 이데올로기 전쟁이 벌어졌으며 수천만 명에 이르는 사람들이 살육되었습니다.

니체는 거짓말보다 오히려 확신이 인간이 진리를 발견하는 데 큰 장애가 되는 것이 아닌지에 대해 다음과 같이 이야기합니다.

확신에 대한 심리학, '믿음'에 대한 심리학에서 한 걸음 더 나아가보자. 이미 오래 전에 나는 확신이 거짓말보다 훨씬 더 위험한 진리의 적이 아닐까라고 숙고한 적이 있다.

확신은 확신에 사로잡힌 인간을 지탱해주는 기둥이다. 여러 가지 사물들을 보지 않는다는 것, 어떤 점에서도 공평하지 않다는 것, 철저하게 편파적인 입장을 취한다는 것, 모든 가치를 하나의 엄격하고 필연적인 관점에서 본다는 것 — 이것만이 확신에 사로잡힌 인간이 존속할 수 있는 조건이 된다. 그러나 그 때문에 그는 진실한 인간과 진리에 반대하고 그것에 적대하는 자가 된다.

신앙인에게는 '참'과 '거짓'의 문제에 대한 양심을 갖는 것이 자기 뜻에 달린 것이 아니다. 따라서 그가 그 문제에 대해서 성실하다 보면 그는 즉각 파멸하게 된다.

어떤 독단적인 이념을 확신하는 사람은 자신은 그것이 진리이기 때문에 믿는다고 생각하지만, 실은 그 이념이 자신의 삶에 확고한 의미와 방향을 부여하고 있기 때문에 그것을 믿습니다. 인간은 덧없이 생성 소멸하는 삶의 가운데에서 불안을 느끼기 때문에 어떤 이념에 의지하여 그러한 불안에서 벗어나고 싶어 합니다.
　다시 말해, 사람들이 어떤 이념을 독단적으로 신봉하는 것은 그것이 진리이기 때문이 아니라 그것이 자신에게 삶의 위안을 주기 때문입니다. 따라서 어떤 독단적인 이념을 철저하게 신봉하는 사람은 진리 대신 삶의 위안을 택한 사람입니다.

그는 진리를 희생하여 삶의 위로와 살아갈 힘을 얻으려고 합니다. 어떠한 확신에도 사로잡히지 않은 자유로운 정신으로 진리를 찾는 것은 자신에게서 삶의 위로와 살아갈 힘을 박탈할 것이기에 그는 진리를 찾으려고 하지 않습니다.

니체가 말하는 자유로운 정신은 곧 독단적인 이념이 우리에게 주는 삶의 위안을 값싼 위안으로 간주하여 거부하면서 세계와 사물을 다양한 관점에서 볼 수 있는 사람을 뜻합니다. 이렇게 자유로운 정신이 될 경우에만 인간은 어떤 이념의 노예가 되지 않고 다양한 이념들을 자기발전을 위한 자양분으로 삼을 수 있습니다. 니체는 이러한 자유로운 정신의 소유자만이 자신의 주체적인 사고 능력을 믿는, 진정으로 강한 자라고 말하고 있습니다.

예술은
삶의 위대한 자극제다

진리는 추악하다.
진리 때문에 망하지 않기 위해서
우리는 예술을 갖는 것이다.

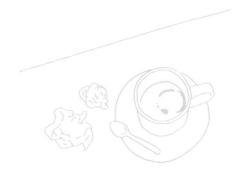

과학적 지식은 생존에 필요한
정보에 불과하다

현대는 과학기술의 사회라고 불립니다. 하루가 다르게 발전하는 과학기술들은 지금 우리의 삶을 지배하고 있다고 해도 과언이 아닙니다.

이에 반해 중세 서양 시대는 그리스도교 사회라고 불릴 수 있겠지요. 중세 서양인들은 진리가 하느님의 계시와 성서에 존재한다고 보았습니다. 따라서 그들은 살아가면서 어떠한 문제에 부딪힐 때마다 하느님께 기도하고 의지하며 하느님으로부터 해결책을 구하려고 했지요.

그러나 오늘날의 사람들은 뉴턴Isaac Newton과 갈릴레이Galileo Galilei 이래의 근대 과학만이 진리를 알려준다고 믿고 있습니다. 더불어 살아가면서 문제에 부딪힐 때에도 과학을 응용한 기술이나 공학에서 해결책을 찾으려 합니다.

그런데 근대 과학이 그리고 있는 세계상은 극히 삭막합니다. 근대 과학은 모든 것들이 원자들의 무의미한 운동에 불과하다고 생각하는데, 이러한 시각에서 보면 우리의 사고 작용도 결국은 뇌에서 일어나는 물리화학적인 작용에 지나지 않습니다.

근대 과학은 모든 현상이 결국은 물리화학적인 현상으로 환원될 수 있다고 봅니다. 즉, 근대 과학이 파악하는 세계는 아무런 목적이나 의미 없이 물리화학적인 원소들이 서로 인과적인 작용을 하는 세계입니다. 이렇게 볼 때 인간의 삶도 예외일 수 없습니다.

생명체들의 역사를 진화의 과정으로 보는 진화론이 그리는 세계상도 근대 물리학이나 화학이 그리는 그것처럼 삭막하기는 마찬가지입니다. 진화론은 살아 있는 개체들의 모든 활동은 맹목적인 생존의 욕망과 종족보존의 욕망에 의해 규정되어 있다고 봅니다.

진화론의 입장에서 볼 때 개체들은 아무런 목적이나 의미 없

이 맹목적인 생존에 대한 욕망, 종족보존에의 욕망에 쫓겨서 사는 존재입니다. 그리고 진화의 과정에서 개체는 환경에 적응할 수 있는 유전자를 우연히 보유하고 있으면 살아남지만 보유하고 있지 못하면 도태될 뿐입니다.

저는 쇼펜하우어의 염세주의야말로 진화론의 귀결을 철저하게 끌어낸 철학이라고 생각합니다. 진화론은 그것이 귀착될 수밖에 없는 끔찍한 결말을 의식하지 못하고 있지만, 쇼펜하우어는 그러한 입장이 갖는 무시무시한 귀결을 철저하게 끌어냈습니다.

진화론이 주장하는 것처럼 생의 목적이 일차적으로 자기보존에 있을 경우, 인간 개개인은 자기보존을 위해서 온갖 노력을 다하지만 우리 인간은 길게 살아봤자 100년밖에 살지 못하니 이러한 노력은 필패必敗로 끝날 수밖에 없습니다.

이와 함께 개체는 어떤 의미에서 개체 그 자체보다는 오래 존속하는 종족의 보존을 위해 이용당하다가 사멸하는 허망한 존재라는 귀결에 이릅니다. 쇼펜하우어는 진화론이 봉착할 수밖에 없는 이러한 염세주의적인 귀결을 극명하게 보여주고 있습니다.

물론 쇼펜하우어의 철학은 진화론과 많은 면에서 다르며 쇼펜하우어가 진화론을 수용한 것도 아닙니다. 그러나 쇼펜하우어의 철학과 진화론은 모든 생물체들이 단순히 자기보존과 종족보존만을 추구할 뿐이라고 보는 점에서 동일한 것이며, 쇼펜하우어 철학은 진화론이 귀착될 수밖에 없는 허무주의적이고 염세주의적인 귀결을 철저하게 끌어내고 있다고 할 수 있는 것입니다.

최근 들어 진화론은 동물의 세계뿐 아니라 인식과 윤리 그리고 종교 등 인간 삶의 모든 현상을 설명할 수 있는 이론으로 각광받고 있습니다. 진화론에 입각하여 인간 삶의 모든 현상을 설명할 수 있다고 주장하는 사람들은 자신들의 이론이야말로 과학적 토대 위에 서 있다고 생각하면서 의기양양해할지 모릅니다.

그러나 이들의 이론은 실은 사람들을 허무주의와 염세주의에 봉착하게 할 뿐입니다. 진화론은 인간들의 삶이 단순히 자신과 종족을 보존하기 위해서 온갖 노고를 다하다가 죽어가는 것 외에 다른 아무런 의미도 목적도 없다고 봅니다. 따라서 이 이론을 진지하게 받아들이게 된다면 사람들은 결국 허무주의에 빠질 수밖에 없으며, 이러한 허무주의는 불가피하게 염세주의를 귀결로 포함할 수밖에 없습니다.

이는 진화론이 주장하듯 이 세계가 아무런 의미나 목적도 없이 인간에게 생존과 종족보존을 위한 온갖 노고를 강요하는 곳이라면, 인간은 결코 이곳을 긍정적으로 볼 수 없을 뿐 아니라 외려 혐오스러운 것으로 보게 될 것이기 때문입니다.

예술을 통해
삶은 충만해진다

과연 우리 인간을 규정하는 근본적인 충동은 진화론이나 쇼펜하우어가 주장하는 것처럼 자기보존과 종족보존에의 충동에 불과한 것일까요? 아니, 그 이전에 과연 근대 과학은 인간과 세계의 진리를 드러내는 것인지를 물어야 할 것입니다.

니체는 근대 과학이 제시하는 것은 세계 자체의 모습이 아니라고 생각했습니다. 니체에 따르면 근대 과학이 인간에게 제공하는 것은 세계의 실상에 대한 진정한 인식이 아니라 인간의 생존에 필요한 정보입니다. 이런 의미에서 그는 근대 과학이 인간의 생존을 확보하려는 의지와 관점에 의해서 규정되고 있다고 봅니다.

예를 들어 근대 의학은 어떤 풀이 가지고 있는 속성이 인간의 어떤 병을 치유하는 데 효과가 있다고 보면서 그것이 가지고 있는 특정한 속성과 특정 병의 치유 사이에 존재하는 인과관계를 드러냅니다. 다시 말해 과학은 사물들 사이의 외적인 인과관계에 초점을 맞추어 사물들을 고찰하는 것입니다.

니체는 살아 있는 것들의 모든 활동은 단순히 물리화학적인 작용, 또는 생존이나 종족보존에의 욕망에 의해서가 아니라 자신을 강화하고 고양시키려는 욕망에 따라 규정된다고 보았습니다. 살아 있는 것들이 갖고 있는 이러한 성격을 니체가 '힘에의 의지'라고 부르고 있다는 사실을 우리는 앞에서 살펴본 바 있습니다. 힘에의 의지라는 성격은 인간에게서 가장 첨예하게 나타납니다. 인간이 목표하는 것은 단순한 연명이나 종족보존이 아니라 자신을 고양시키고 강화하는 것입니다.

인간이 목표하는 것이 단순히 생존이나 종족보존이라면 그렇게 생존하기 위해 그리고 종족을 보존하기 위해 발버둥치다가 죽어가는 인생 앞에서 허무를 느낄 일은 없을 것입니다. 그러나 인간은 힘에의 의지가 가장 첨예하게 구현된 존재이기에 자신의 삶이 단순히 물리화학적인 작용에 불과하다거나 생존과 종족보존을 위한 것이라는 말을 듣게 되면 허무감에 빠질 수밖에 없습니다.

인간이 궁극적으로 원하는 것은 오래 연명하는 것이 아니라 짧게 살더라도 충만하게 사는 것입니다. 니체는 인간의 삶에 이렇게 충만함을 부여하는 것은 과학이 아니라 예술이라고 봅니다. 예술은 세계를 단순히 물리화학적인 작용이나 생존, 그리고 종족보존을 위해서 모든 것들이 발버둥치는 삭막한 곳이 아닌, 아름답고 충만한 곳으로 보여줍니다. 세계와 우리의 삶이 살 만한 것임을 보여주는 것입니다. 이에 대해 니체는 '오직 예술을 통해서만 삶은 정당화된다'라고 말합니다.

그런데 이렇게 세계를 아름답고 충만한 것으로 보려면 우리 역시 건강한 생명력으로 충만해 있어야 합니다. 예술가는 이렇게 건강한 생명력이 충일한 상태에서 세상을 보면서 자신에게 아름답고 충만하게 드러난 세계를 다른 사람들도 경험할 수 있도록 표현할 줄 아는 사람입니다. 니체는 예술가가 건강한 힘으로 충일해 있는 상태를 '도취'라고 일컫습니다. 예술가가 예술적인 창조를 하기 위해서는 단순히 머릿속에 기막힌 아이디어를 떠올리는 것만으로는 충분하지 않고 도취라는 고양감으로 충만해 있어야만 한다는 것입니다.

니체는 그의 처녀작인 《비극의 탄생》에서 예술을 낳을 수 있는 충동을 가상^{假象}에의 충동과 도취에의 충동으로 나누고 있습니다. 가상에의 충동이란 아름다운 가상을 만들어내고 싶어 하는 충동으로, 건축, 미술, 조각과 같은 조형예술을 가능하게 하는 충동입니다. 이러한 조형예술을 니체는 '아폴론^{Apollon}적 예술'이라고 부릅니다. 아폴론은 잘 아시다시피 태양신으로서 지혜와 절도와 균형을 상징합니다.

이에 반해 도취에의 충동이란 도취에 빠져 개체의식을 상실하고 모든 것들과 하나가 되고 싶어 하는 충동인데, 이러한 충동은 춤과 음악 같은 비조형예술을 가능하게 합니다. 니체는 비조형예술을 '디오니소스적 예술'이라 부릅니다. 포도주를 만든 신인 디오니소스는 술의 신으로 알려져 있지요.

그런데 후기에 들어서 쓴 《우상의 황혼》에서 니체는 도취가 모든 예술을 가능하게 하는 충동이라고 이야기합니다. 이때 니체는 우리의 모든 신체기관의 흥분이 고조되어 있는 상태를 도취라는 말로 가리켰습니다. 그는 이러한 흥분의 고조는 여러 계기로 인해 일어날 수 있다고 봅니다. 가장 오래되었고 근원적인 형태의 도취라고 니체가 여기는 것은 성적 흥분과 같은 도취입니다.

도취는 경기에서 승리하고 싶은 욕망과 경기에 임했을 때의 강렬한 흥분 상태에서 비롯될 수도 있습니다. 또한 축제, 용감한 행위, 승리, 모든 극단적인 운동, 잔인한 행위, 파괴, 봄春처럼 일정한 기상氣象학적인 영향, 또는 마약, 벅차고 부풀어 오른 의지에서도 도취는 생길 수 있습니다.

니체는 이러한 도취에서 본질적인 것은 힘 내지 생명력의 상승과 충만의 느낌이라고 보았습니다. 예술은 이러한 느낌에서 비롯되는 한편, 예술을 경험하는 자들을 그러한 느낌 속으로 끌어들입니다. 이런 느낌에 빠질 때 우리는 사물들을 아름답게 보게 됩니다.

니체는 이러한 상태를 두고 '우리가 사물에게 베풀고, 사물들에게 우리에게서 가져가도록 강요한다'라고 말합니다. 다시 말해 생명력이 넘치게 될 때 우리는 사물들을 아름답게 보는 식으로 그것들에게 아름다움을 부여한다는 것입니다.

　예술가가 사물에게 아름다움을 부여하는 방식은 흔히 이상화
理想化라고 불립니다. 이러한 이상화는 사물에서 사소하거나 부차
적인 것을 빼내거나 제거하는 것으로 간주되지만, 니체는 이상화
의 본질이 주요한 특징들을 크게 드러내어 강조하고, 그럼으로써
다른 특징들은 사라져버리게 하는 것이라고 보고 있습니다.

　우리는 사물의 훌륭하고 멋있는 측면을 두드러지게 하면서
그것을 풍요롭게 만듭니다. 예를 들어 히말라야 산에는 자그마한
돌멩이들이 무수히 많지만, 화가가 그 산을 그릴 때는 그러한 돌멩
이들을 모두 사상捨象하면서 히말라야 산의 숭고한 모습을 드러내
는 것처럼 말이지요.

인생을 예술로
만들어라

니체는 인간이 그때마다의 힘의
상태에 따라 사물과 세계를 달리 보게 된다고 생각했습니다. 병약
한 인간은 사물과 세계를 빈약하고 추하게 보는 반면에, 힘으로 충만
한 건강한 인간은 사물과 세계를 풍요롭고 아름다운 것으로 봅니다.

따라서 세계가 빈약하고 추하게 보일 때 우리는 세계 자체보
다는 오히려 우리 자신을 탓해야 합니다. 자신의 생명력이 저하되
고 추한 상태에 있기 때문에 세계가 추하게 보이는 것이라는 사실
을 깨달아야 하는 것입니다.

도취 속에서 충만한 상태에 있을 때 우리는 모든 것을 풍요롭게 느끼면서, 모든 것이 우리와 마찬가지로 강하고 힘으로 넘쳐난다고 보게 됩니다. 이때의 사물들은 인간의 고양된 힘과 완전성을 반영하지요. 이렇게 인간이 완전한 존재로 변화된 상태에서 사물들도 완전한 것으로 변화시키는 것이 예술입니다.

이 경우 인간은 사물을 보면서 기쁨을 느끼지만 사실 그 기쁨은 자신에 대한 것입니다. 그렇게 사물을 완전한 것으로 볼 수 있는 자신의 충일한 힘에 대해서 기쁨을 느끼는 것이지요. 따라서 예술에서 인간이 궁극적으로 즐기는 것은 '완전한 존재로서의 자기 자신'입니다.

니체에 따르면 인간은 세계와 사물을 아름답게 보면서 자신을 아름다움과 완전성의 척도로 정립합니다. 인간은 아름다운 것을 경탄하고 숭배하지만 이때 사실 그가 경탄하고 숭배하는 것은 자기 자신이라는 것입니다.

인간이 세계 자체가 아름다움으로 가득 차 있다고 믿을 때, 사실 인간은 그 세계에 아름다움을 선사한 장본인이 자기 자신임에도 그것을 망각하고 있습니다. 인간은 자신과 마찬가지로 세계

역시 힘으로 충일해 있다고 느끼기 때문에 그것을 아름답다고 느끼는 것이고, 힘으로 충만한 자신을 아름다움의 기준으로 보면서 사물도 그렇게 아름답게 보는 것인데 말입니다. 이에 대해 니체는 이렇게 말하고 있습니다.

> 인간은 근본적으로는 사물에 자기 자신을 반영시키며, 자신의 모습을 되비추어주는 모든 것을 아름답다고 여긴다.

이런 의미에서 니체는 '오직 인간만이 아름답다'라고, 이것이야말로 모든 미학의 제1의 진리라고 말하고 있습니다. 이에 상응하여 제2의 진리에 해당되는 것은 '**퇴락한** 인간 이외에는 아무것도 추하지 않다'라고 니체는 이야기합니다.

힘의 느낌, 힘에의 의지, 용기, 긍지 — 그것들은 추한 것의 출현과 함께 저하됩니다. 추하다는 것은 우리의 생명력을 쇠약하게 만듭니다. 어렴풋하게라도 퇴락을 상기시키는 것을 우리는 '추한 것'으로 봅니다. 소진, 힘듦, 늙음, 피로의 모든 징표, 경련이라든가 마비와 같은 모든 종류의 부자유, 특히 해체와 부패의 냄새, 색깔,

모양을 볼 때 우리는 우리 자신도 모르게 '추하다'는 판단을 내리게 되고 그것들을 혐오하게 됩니다.

이 경우 인간이 혐오하는 것은 그러한 사물 자체가 아니라 '**인간이라는 전형의 쇠퇴**'입니다. 퇴락한 인간은 모든 것을 추하게 보지만 이렇게 보이는 세계와 사물은 인간을 역으로 다시 약화시키고 우울하게 만듭니다. 즉, 추해 보이는 것들은 인간에게 쇠퇴, 위험, 무력함을 상기시키기 때문에 인간은 그것들 앞에서 힘을 상실하는 것입니다.

이와 같이 니체는 아름다움에 대한 우리의 감정은 우리가 자신에 대해 느끼는 기쁨과 분리될 수 없다고 봅니다. 이러한 힘의 고양과 충일감으로부터 분리된 '아름다움 그 자체'라는 것은 존재하지 않는다는 것입니다. 이런 맥락에서 니체는 예술을 위한 예술을 비판하고 있습니다.

원래 예술을 위한 예술은 예술이 예술 이외의 목적, 특히 도덕에 종속되는 것에 대해서 투쟁합니다. 니체는 이렇게 예술이 전통도덕에 예속되는 것에 대해서 투쟁하는 것 자체는 긍정적으로 받아들이지만 그렇다고 해서 예술이 아무런 목적을 갖지 않는다고는 보지 않습니다. 오히려 그는 예술이 삶의 위대한 자극제라고 생각했습니다. 예술은 삶에 힘을 불어넣어주고 삶을 고양시키는 것이어야 한다고 여긴 것입니다.

니체는 도취를 크게 아폴론적인 것과 디오니소스적인 것으로 나눕니다. 아폴론적 예술은 주로 시각에 호소하는 조형예술이기 때문에 아폴론적 도취는 무엇보다도 눈을 도취시켜서 눈으로 하여금 환상vision을 보게 합니다. 이 점에서 니체는 '화가, 조각가, 서사시인은 환상을 보는 데 탁월한 사람들이다'라고 말합니다.

이에 반해 디오니소스적 도취에서는 감정 체계 전체가 흥분되고 고조되고, 그에 따라 자신이 가지고 있는 모든 표현수단을 한꺼번에 분출하게 됩니다. 그것은 다른 것들과 일체가 되면서 그것들을 표현하고 모방하며 변형합니다. 디오니소스적 인간은 모든 사물들이 느끼고 있는 감정을 예민하게 알아차리면서 그것과 하나가 되고, 그것을 보다 높은 상태로 표현합니다.

흔히 비극에서 보듯이 예술은 삶 속의 가혹하고 끔찍한 것들도 표현하기 때문에 삶에 대한 환멸과 그것으로부터의 도피를 가르치는 것으로 간주되어왔습니다. 특히 쇼펜하우어는 비극 예술의 본질을 그런 데서 찾았지요. 그에 따르면 비극 예술의 본질은 사람들로 하여금 삶의 비참함을 깨닫게 함으로써 삶에의 의지로부터 해방시키는 데 있습니다. 이 경우 예술의 목적은 삶에의 의지의 불꽃을 꺼뜨리고 삶을 혐오하게 만들며 삶에 대한 체념에 빠지게 하는 것이 됩니다.

그러나 니체는 쇼펜하우어의 이러한 견해를 예술을 보는 '염세주의자의 관점이며 사악한 시선일 뿐'이라고 말합니다. 쇼펜하우어는 그리스 비극이 그리스인들이 염세주의에 빠져 있었음을 나타내는 결정적인 증거라고 보지만 니체는 오히려 그것은 그러한 염세주의를 결정적으로 거부하는 것으로 간주되어야 한다고 봅니다. 사람들을 삶에 보다 충실하게 만들고, 모든 비극적인 현상에도 불구하고 삶을 긍정하게 만들 정도로 사람들에게 힘을 불어넣는 것이 비극 예술을 포함한 모든 예술의 목적이라는 것이죠.

니체는 **"비극적 예술가가 전달하고 우리를 끌어들이려고 하는 상태**는 가공할 것과 의문스러운 것 앞에서 두려움이 **없는** 고귀한 상태"라고 이야기합니다. 비극은 "강력한 적, 커다란 재난, 전율을 불러일으키는 문제에 직면했을 때의 용기와 침착함 ─ 이렇게 **승리감으로 충만한 상태**"를 표현하고 전달합니다.

비극적인 영웅은 고난과 고통을 피하는 것이 아니라 넘치는 힘 때문에 오히려 고난과 고통을 찾아다니고 그런 것들에도 굴하지 않고 생을 흔쾌하게 긍정하는 자입니다. 비극은 이러한 인간에 대한 찬양이며 이러한 인간의 힘으로 충만한 상태 안으로 관객들을 끌어들이려고 합니다. 이러한 인간에게는 고난과 고통조차도 삶을 보다 충실하게 하는 자극제로 작용합니다. 니체는 자신의 처녀작 《비극의 탄생》이 궁극적으로 비극의 정신으로 드러내려고 했던 것도 바로 위와 같은 것이라고 말하고 있습니다.

비극은 쇼펜하우어가 말하는 의미의 염세주의에 그리스인들이 빠져 있었다는 것을 보여주는 증거가 아니라, 오히려 그러한 염세주의에 대한 결정적인 거부와 반증으로 간주되어야 한다. 가장 낯설고 가혹한 삶의 문제들에 직면해 있으면서도 삶을 긍정하는 것, 자신의 무궁무진성에 기쁨을 느끼면서 삶의 최고의 전형(비극의 영웅)을 희생하는 것도 불사하는 삶에의 의지 — 이것이야말로 내가 디오니소스적이라고 불렀던 것이며,

비극 시인의 심리학에 이르는 교량으로서 인식한 것이다.

공포와 연민으로부터 벗어나기 위해서가 아니라 그리고 공포와 연민을 격렬하게 방출함으로써 그 위험한 정념으로부터 정화되기 위해서가 아니라 — 아리스토텔레스는 그렇게 해석했지만* — 공포와 연민을 초월하여 생성의 영원한 기쁨 자체로 존재하기 위해서 — 파괴에 대한 기쁨까지도 포함하는 기쁨으로 존재하기 위해서.

나는 일찍이 내가 출발했던 곳으로 다시 돌아온다. —《비극의 탄생》은 모든 가치에 대해서 내가 최초로 시도한 재평가였다. 이와 함께 나는 나의 의지와 능력이 자라나는 토지 안에 다시 뿌리를 박는다.

니체는 종교 역시 과학과 마찬가지로 하나의 허구라고 여겼습니다. 과학은 우리에게 삶의 유용한 정보는 주지만 우리의 삶을

※ 아리스토텔레스에 의하면 비극의 효과는 주인공의 비극적 운명이 관중의 마음에 두려움과 연민을 불러일으키고 결말에서 이러한 감정을 한꺼번에 폭발시킴으로써 마음속에 쌓여 있던 정념의 응어리를 정화하는 것, 즉 카타르시스에 있다고 보았다.

유의미하고 충만한 것으로 만들지는 못합니다. 일찍이 종교는 사람들에게 삶의 의미와 방향을 주고 삶을 충만하게 만드는 허구를 제공했지만 니체는 종교가 오늘날 과학의 공격에 의해서 무력해졌다고 보고, 이러한 상황에서 우리의 삶을 충만하게 하고 고양시킬 수 있는 것은 예술뿐이라고 생각합니다. 그는 생이 몰락하지 않기 위해서 예술이 필요하다고 말합니다.

니체에 따르면 우리는 예술작품을 창조하는 예술가까지는 아니더라도 삶의 예술가는 될 수 있습니다. 삶의 예술가란 매 순간 도취라는 고양된 기분 속에서 삶과 세계를 아름답고 충만한 것으로 경험할 수 있는 사람입니다. 그리고 니체는 예술작품을 창조하는 예술가들 역시 진정한 예술가가 되려면 우선 삶의 예술가가 되어야 한다고 생각합니다.

니체의 고민은 궁극적으로 과학에 의해 '신이 살해된' 이 세계에서 생은 어떻게 긍정될 수 있는지에 대한 것이었다고 할 수 있습니다. 니체는 생을 긍정할 수 있는 길을 궁극적으로 예술에서 발견하고 있으며, 무엇보다 그 이전에 우리 각자가 예술가적인 정신 상태로 삶을 사는 데서 찾습니다.

죽음은
삶의 끝이 아니다

죽음에 대한 확실한 전망에 의해서
모든 삶은 맛있고 향기로우며
경쾌한 것이 될 수 있다.

죽음, 나를 성숙시키는
최고의 기회

살아가면서 자살을 한 번도 생각하지 않은 사람이 있을까요? 특히 OECD 국가 중 최고의 자살률을 보이고 있는 대한민국의 국민들 중에서 자살을 생각해보지 않은 사람은 드물 것 같습니다. 죽고 싶은 이유는 다양할 것입니다. 제가 고등학교 3년간 죽고 싶다는 생각에 줄곧 시달렸던 이유는 인생이 허무하다고 여겼기 때문이지만 어떤 이는 사업 실패로, 또 어떤 이는 실연이나 병고 때문에 그만 살고 싶다는 생각을 할 것입니다.

흔히들 자살은 죄라고 생각하면서 자살을 부정적으로 보지만 니체는 다른 시각을 가지고 있습니다. 그는 경우에 따라서 자살은 인간이 거둘 수 있는 최대의 승리일 수 있고, 삶에 대한 부정이 아니라 오히려 최대의 긍정일 수 있다고 봅니다. 실로 우리는 품위 있게 자살함으로써 사람들의 외경심마저 불러일으킬 수 있습니다. 니체가 염두에 두고 있는 '품위 있는 자살'은 다음과 같습니다.

더 이상 긍지를 갖고 살 수 없을 때 당당하게 죽는 것. 자발적으로 선택한 죽음, 자식들과 다른 사람들이 보는 가운데 명료한 의식을 갖고 기뻐하면서 적시에 이루어지는 죽음, 그리하여 떠나는 자가 아직 살아 있는 동안에 작별을 고하는 것이 가능한 죽음, 또한 생전에 성취한 것과 원했던 것에 대한 진정한 평가와 삶에 대한 총 결산이 가능한 죽음.

나이가 이제 50대 중반을 넘어서다 보니 늙어가는 것에 대해서 두려움이 생깁니다. 늙어서 거동하기도 힘들 때 과연 나는 내 자식들의 돌봄을 받게 될지, 아니면 쓸쓸하게 양로원에서 오지 않는 자식들을 기다리면서 살게 될지 등 여러 생각을 하게 됩니다. 그러다 보면 나도 모르게 나 자신이 처량하다는 느낌을 갖게 되지요.

다윈Charles Darwin이나 쇼펜하우어 같은 사람들은 인간의 가장 큰 충동이 생존에 대한 충동이라고 보았습니다. 인간은 무조건적으로 오래 연명하기를 바란다는 것입니다. 그러나 니체는 우리 인간에게는 이러한 생존에의 충동을 넘어서 자신을 고양시키고 강화시키고 싶은 충동이 있다고 생각했습니다. 니체가 이러한 충동을 '힘에의 의지'라고 부르고, 그 의지는 저항을 극복해감과 함께 고양된다는 사실을 우리는 앞에서 보았습니다.

어쩌면 죽음은 우리가 가장 큰 저항감을 느끼는 대상일 것입니다. 누구나 죽음을 생각하면 두려움을 느끼고 죽지 않으려고 발버둥을 치니까요. 그러나 냉철한 의식을 가지고 흔연히 죽음을 받아들일 때 우리는 그것을 극복하면서 자신의 힘이 고양됨을 느끼게 됩니다.

힘에의 의지가 강한 사람에게 있어 죽음은 살아생전에 부딪혔던 어려움과 마찬가지로 오히려 자신의 성숙과 강화를 위한 계기가 됩니다. 그런 이는 어려움과 난관도 자신의 성숙의 계기로 삼고 오히려 그것과 의연하게 부딪히는 자신의 강함을 즐길 수 있는 기회로 만들었던 것처럼 죽음도 그러한 기회로 삼습니다. 이러한 삶에서 우리는 인간의 위대함과 힘을 느끼게 됩니다.

이런 의미에서 보면 병들고 늙어서 매사를 남의 손에 의존하며 구차하게 사는 것은 자신과 삶 그리고 인간에 대한 모욕입니다. 따라서 니체는 우리가 늙어서 주위 사람들에게 의존해야만 거동이 가능할 정도라면 의사와 약에 의지하여 연명을 꾀하기보다는 자살을 하는 편이 낫다고 보는 것입니다.

어떤 사람이 또렷하게 깨어 있는 정신으로 자신이 그동안 살아온 삶을 긍정하는 동시에 자신을 음으로 양으로 도와준 사람들에게 감사하면서 주위 사람들 앞에서 기쁜 마음으로 자살할 때, 사람들은 그의 죽음을 슬퍼하기보다는 그 사람의 위대함에 경외와 경탄을 느끼게 될 것입니다.

이에 반해 그간 자신이 살아온 삶에 대해 한탄하면서 잔뜩 한을 품고 죽어가는 사람들의 죽음은 한없는 연민과 동정 그리고 슬픔을 불러일으킵니다. 의연하고 당당한 자살이 살아 있는 사람들에게 인간의 위대함을 깨닫게 한다면, 삶에 좌절하고 절망한 끝에 자살을 택한 사람들의 죽음은 우리에게 인간의 보잘것없음과 비참함을 느끼게 하고, 우리를 고양시키기보다는 쓸쓸함에 사로잡히게 합니다.

니체가 말하는 위대한 자살자들은 삶에서 좌절했기 때문이 아니라 자신의 삶을 최고로 승화시키기 위해서 자살을 합니다. 즉, 삶에 대한 사랑 때문에 자살을 선택하는 것입니다. 그들은 자신의 삶이 누추하고 비루하게 보이는 것을 원하지 않기 때문에 자살을 택하고, 그렇기에 자살하는 순간에도 의연합니다. 그들은 더 오래 살게 해달라고 의사에게 매달리지 않고, 죽어서 천국에 가게 해달라며 신에게 애원하지도 않습니다. 이들이야말로 최고로 독립적이며 자유로운 자들입니다.

헬렌 니어링Helen Nearing의 자서전《아름다운 삶, 사랑 그리고 마무리》(이석태 옮김, 보리, 1992)에는 100세가 된 남편이 어느 순간부터 단식을 통해서 죽는 장면이 나옵니다.

스코트가 가기 한 달 반 전인, 그이의 100세 생일 한 달 전 어느 날 테이블에 여러 사람과 앉아 있을 때 그이가 말했다. '나는 더 이상 먹지 않으려고 합니다.' 그리고 다시는 딱딱한 음식을 먹지 않았다. 그이는 신중하게 목적을 갖고 떠날 시간과 방법을 선택했다. 정연하고 의식이 있는 가운데 가기 위함이었다. 그이는 단식으로 자기 몸을 벗고자 했다. 단식에 의한 죽음은 자살과 같은 난폭한 형식이 아니다. 그 죽음은 느리고 품위 있는 에너지의 고갈이고, 평화롭게 떠나는 방법이자 스스로 원한 것이었다. 안팎으로 그이는 준비를 했다. 그이는 언제나 '기쁘게 살았고 기쁘게 죽으리. 나는 내 의지로 나를 버리네'라는 로버트 루이스 스티븐슨의 말을 좋아했다. 이제 이것을 실천에 옮길 수 있었다. 그이는 스스로 육체가 그 생명을 포기하도록 하는 자신의 방법으로 죽음을 준비했다.

나는 동물들이 흔히 택하는 죽음의 방식, 보이지 않는 곳까지 기어 나와 스스로 먹이를 거부함으로써 죽는 것을 알고 있었기 때문에 그것을 조용히 받아들였다. 한 달 동안 그이가 뭔가 마실 것을 원할 때 사과, 오렌지, 바나나, 포도 같이 그이가 삼킬 수 있는 것이면 어떤 것이든 주스를 만들어 먹여주었다. 그러자 그이는 '이제 물만 마시고 싶다'고 했다. 하지만 그이

는 병이 나지 않았다. 여전히 정신이 말짱했고 나하고 대화를 나누기도 했지만, 몸은 수분이 빠져나가 이제 시들어가고 있었고 평온하고 조용하게 삶에서 떨어져나갈 수 있었다. (중략) 그이는 마치 모든 것이 제대로 되어 있는지 시험하는 듯이 '좋-아'하며 숨을 쉬고 나서 갔다. 나는 보이는 것이 보이지 않는 곳으로 옮겨갔음을 느꼈다.

이 부분을 읽을 때 우리는 누구나 감동하지 않을 수 없습니다. 이러한 죽음은 삶의 끝이 아니라 오히려 삶의 절정이라고 할 수 있습니다. 그동안 성숙시켜온 정신력은 죽음 앞에서 최고의 정점에 달합니다.

연민은 인간을
나약하게 만든다

우리가 주위에서 접하는 대부분의 자살은 승리가 아니라 패배의 형태를 띱니다. 이 경우 자살은 인생의 고달픔에 좌절하여 '이렇게 사느니 차라리 죽는 것이 낫겠다'라고 생각하면서 죽음으로 도피하는 것이라 할 수 있는데, 이것은 죽음을 극복하는 것이 아닙니다. 이런 자살은 용기가 아니라 삶의 고난을 이겨내지 못한 나약함과 비겁함의 표현이니까요.

앞에서 본 것처럼 생생하게 깨어 있는 정신으로 자신의 품위를 지키기 위해 죽음을 택한 사람들에 대해서 우리는 슬픔이나 연민이 아닌, 경탄과 경외감을 느낍니다. 이에 반해 삶에 패배한 사람들의 죽음 앞에서 우리가 슬픔을 느끼는 이유는 그들이 자살을 했기 때문이 아니라 그 자살이 승리가 아닌, 패배의 의미를 가지기 때문입니다. 그 사람이 자살을 하면서 느꼈을 한없는 절망, 그것이 안타까워서 우리는 슬퍼하는 것입니다.

세계에서 자살률이 가장 높은 우리나라에서는 오늘도 많은 사람들이 자살을 했을 것입니다. 그 자살들 중에서 니체가 칭송할 만한 자살은 몇 건이나 되었을까요? 대부분은 아마도 삶의 최고의 승화라는 형태가 아닌, 삶에 대한 저주와 한탄이라는 형태를 띠었을 것입니다.

학생들은 시험 성적 또는 미래에 대한 불안을 이기지 못해서, 또 어른들은 빚 때문에 혹은 남편이나 아내가 바람이 나서 자살을 선택합니다. 그들은 삶은 치욕이고 환멸이며 지옥이라고 여기고 그것에 침을 뱉으면서 죽어갔을 것이고, 그들에게 죽음은 그러한 삶에서 벗어나게 해주는 마지막 출구였을 것입니다.

이렇게 삶의 고단함에 지쳐서 죽음을 택한 사람들에게 우리가 느끼는 것은 연민입니다. 하지만 니체는 연민을 비판했습니다.

니체가 연민을 비판한 것은 그가 비정한 사람이어서가 아니라 연민은 인간을 성장시키기보다는 연약하게 만들기 때문입니다.

어떤 사람에게 연민의 눈길을 보낸다는 것은 곧 그 사람을 불쌍한 사람으로 보는 것이고, 불쌍한 사람으로 본다는 것은 그 사람을 나약하고 무력한 사람으로 여기는 것입니다. 그것은 연민을 받는 사람이 느끼고 있는 무력감을 강화시킵니다. 그리고 연민을 아무런 거부감 없이 받아들이는 사람은 자신이 처한 상황은 당연히 누구나 좌절할 수밖에 없고 그래도 되는 상황이라고 생각하면서 그것을 수용하게 됩니다.

또한 연민은 우리가 그 사람과 유사한 처지에 있으면 그 사람처럼 될 수 있을 것이라 생각하게 합니다. 이렇게 연민에 빠지면 부지불식간에 우리는 좌절한 사람과 자신을 동등한 사람으로 여기게 됩니다. 그러나 니체는 '인간은 거리의 파토스pathos에 의해서 발전한다'라고 말합니다.

거리의 파토스란 기존의 자신이나 다른 사람들보다도 더 탁월한 인간이 됨으로써 기존의 자신이나 저열한 다른 인간들로부터의 거리를 넓히려는 열망입니다. 니체는 이러한 열망이야말로

바로 인간을 발전시키는 동력이라고 보았습니다. 그런데 연민은 이렇게 우리를 보다 강해지고 보다 탁월한 인간이 되도록 채찍질하는 거리의 파토스를 제거합니다.

어떤 사람이 곤경에 처해 있어도 그 사람이 그것을 너끈하게 극복할 수 있을 것이라 믿을 때 우리는 그 사람에 대한 연민을 느끼지 않습니다. 오히려 그 사람이 그 어려움을 어떻게 극복할 것인지에 대해서 기대 섞인 호기심을 가지고 지켜보지요.

니체는 이 점에서 어떤 사람이 어려움에 처해 있을 때 그에게 필요한 것은 연민이 아니라 채찍질이라고 보았습니다. '이 불쌍한 것'이라고 하기보다는 '뭐 그 정도를 가지고 힘들어하나. 너는 스스로 일어설 수 있어'라고 말하면서 채찍질하는 편이 그 사람을 훨씬 높이 평가하는 것이라는 뜻입니다. 따라서 우리는 곤경에 처한 이에게 연민을 품기보다는 그 사람이 홀로 일어날 수 있도록 격려하고 채찍질해야 할 것입니다.

자유롭고 자각적인
죽음을 택하라

그리스도교를 비롯한 거의 대다수의 종교들은 자살을 금하고 있습니다. 자신의 목숨을 버리는 것은 죄라는 이유에서입니다. 이러한 종교들은 위대한 자살과 비겁한 자살을 구별하지 않습니다.

그러나 니체는 삶에도 품위 있는 삶과 그렇지 못한 삶이 있듯이 자살에도 품위 있고 위대한 자살과 저열하고 비겁한 자살이 있다고 봅니다. 또한 종교가 자살을 죄로 봄으로써 자신의 생명을 연장하려는 사람들의 비겁한 마음을 조장하고 있다고 이야기합니다.

노인과 죽음 ─ 종교가 제시하는 요구사항을 무시한다면, 우리는 이렇게 물음을 던져도 좋을 것이다. 자신의 힘이 쇠퇴하고 있는 것을 느끼고 있는 노인이 서서히 진행되는 고갈과 해체를 의식적으로 포기하는 것보다 그것을 기다리는 것이 어떻게 해서 보다 명예롭다는 것인가? 이런 경우(자신의 힘이 쇠퇴하고 있는 것을 느낄 경우) 자살은 아주 자연스럽고 당연하다고 여겨지는 행위다. 자살은 이성의 승리로서 당연히 외경심을 불러일으킬 일이다. 그리고 그리스 철학의 대가大家들이나 가장 용기 있는 로마의 애국자들이 자살로 죽음을 택했던 그러한 시대에 자살은 실제로 외경심을 불러일으켰다. 이와 반대로 생의 본래 목적에 더 가까이 이를 힘도 없으면서 자신을 불안하게 하는 의사와의 상담과 가장 고통스러운 생활방식에 의해서 목숨을 이어가려는 병적인 욕망은 존경할 만한 일이 아니다. 종교는 자살해서는 안 된다는 핑계거리를 풍부하게 제공한다. 이를 통해서 종교는 삶에 집착하는 사람들에게 아부한다.

니체는 자연사自然死라고 불리는 것도 사실은 자연스러운 죽음이 아니라 어떻게 해서든 자신의 목숨을 이어가려는 비루함에서 비롯된 선택에 의한 '부不자연사'이며 일종의 자살이라고 봅니다.

인간은 항상 선택할 수 있는 존재이기 때문에 자연사라는 것도 결국은 자신의 죽는 시점을 죽음이 찾아올 때까지 늦춘 것에 지나지 않습니다. 그것도 일종의 선택입니다. 이런 의미에서 니체는 사람은 자기 이외의 어느 누구에 의해서도 죽지 않는다고 말하고 있습니다.

다만 그가 보기에 남들에게 민폐를 끼치면서 죽음이 찾아올 때까지 기다리는 것은 "가장 경멸할 만한 조건들 아래에서의 죽음이며, 자유롭지 않은 죽음, 제때에 죽지 않는 죽음, 비겁한 자의 죽음"입니다. 니체는 삶을 사랑하는 자라면 우연하거나 돌연하게가 아니라 자유로우면서도 의식적으로 죽는 것을 선택해야 한다고 말합니다.

더 나아가 그리스도교는 죽어가는 사람에게 그동안 삶에서 지은 죄를 회개할 것을 요구합니다. 죄를 회개하고 주님을 받아들이면 천국에 갈 것이지만 그렇지 않으면 지옥에 떨어질 것이라고 협박하지요. 이 점에서 니체는 그리스도교는 죽음의 시간에도 사람들의 양심을 능욕하고 있다고 비판하고 있습니다. 그리스도교의 협박에 굴복하여 지옥에 떨어질까 걱정하면서 자신의 죄를 참회할 때 사람들은 자신을 비겁한 인간으로 전락시킨다는 것입니다.

　　니체에게는 죄 있는 인간과 죄 없는 인간의 구별이 아니라 병든 인간과 건강한 인간의 구별이 있을 뿐입니다. 이러한 기준은 죽음에 임한 사람들에게 회개가 아니라 자신의 죽음을 의연하게 맞을 것, 자신의 정신력을 최고도로 고양시킬 것을 요구합니다. 이러한 기준에 의하면 삶에 대한 원한 때문에 자살을 택한 사람들은 삶을 짊어지기에는 너무나도 병약한 인간들이었기 때문에 자살을 한 것입니다. 이들의 자살은 자유로운 자살이 아니라 자포자기에 의한 자살입니다.

너만의
꽃을 피워라

우리는 진열 가게와 같은 것이다.
거기에서 우리는 타인들이 우리에게 귀속시키는
외관상의 특징들을 끊임없이 정돈하거나 숨기거나 드러낸다.
우리 자신을 속이기 위해서.

나만의 개성을
만드는 법

니체는 '그대는 그대 자신이 되어야 한다'라고 말합니다. 니체의 이 말과 운명애의 사상은 서로 상통합니다. 다시 말해 그것은 우리의 운명을 긍정적으로 승화시키라는 말로 해석될 수 있습니다.

우리는 우리 자신의 거의 모든 것을 타고납니다. 지능도, 적성도, 성격도 타고나지요. 그뿐 아니라 우리가 태어나서 던져지는 환경도 우리가 선택한 것은 아닙니다. 그것들은 내가 태어나자마자 나 자신의 환경으로 주어집니다. 나의 부모, 나의 형제, 나의 국가

등 어느 것 하나 내가 선택한 것은 없습니다.

또한 우리가 타고난 운명은 저마다 다릅니다. 지능과 적성 그리고 성격도 사람마다 제각각입니다. 동일한 형제에 대해서는 부모가 동일한 것처럼 여겨지지만 각 자식을 대하는 부모의 태도가 다르고, 또한 부모 입장에서는 똑같이 자식들을 대한다고 해도 자식들은 각자 타고난 성격에 따라서 부모의 태도를 이해하기 때문에 그것을 달리 받아들일 수도 있습니다.

전통 철학에서는 개인들이 갖는 이러한 차이가 크게 고려되지 않았고, 특히 인간들 사이에서 나타나는 성격의 차이를 철학적인 문제로 다루지 않았습니다. 인간을 파악할 때 인간들의 성격 차이가 갖는 중요성에 주목한 최초의 사상가는 쇼펜하우어가 아닌가 싶습니다. 그는 우리 각자의 성격은 우리 자신이 선택하는 것이 아니라 태어날 때부터 우리에게 주어진 것이라고 보았습니다.

이 점에서 쇼펜하우어는 사르트르Jean-Paul Sartre와 같은 실존주의자와는 전적으로 구별된다고 볼 수 있습니다. 사르트르는 '실존은 본질에 앞선다'라고 말하면서 각 개인은 자신의 본질을 스스로 형성해나갈 수 있다고 보았습니다.

　이와 함께 사르트르는 적극적인 무신론의 입장을 취합니다. 신이 있다면 신은 자신의 뜻에 따라서 각각의 인간을 만들었을 것이고 각 개인의 본질적인 성격을 비롯해서 그 개인이 살아갈 삶의 행로를 이미 지정해주었겠지만, 신은 존재하지 않기 때문에 우리 인간은 철저하게 자유롭고 자신을 자유로이 형성해나갈 수 있다는 것이 그의 생각이었습니다.

　쇼펜하우어는 이러한 사르트르의 견해에 대해 인간의 현실을 제대로 파악하지 못하는 철부지 같은 소견이라 할 것입니다. 쇼펜하우어는 신이 이 세상을 창조했다고 주장하지는 않지만, 우리가 경험하는 이 세계의 개체들이 하나의 우주적인 의지로부터 비롯되었다고 봅니다.

　비유를 들어 그의 주장을 설명하자면, 인간을 비롯한 각 개체는 모두 거대한 바다의 보잘것없는 물거품이나 물방울에 불과합니다. 우리는 이러한 물거품이나 물방울을 실재로 여기고 세계는 이러한 물방울들로 이루어져 있다고 생각하지만 진정한 실재는 이러한 물방울 아래에 존재하는 하나의 거대한 바다라 할 수 있습니다.

쇼펜하우어는 각각의 인간은 이렇게 거대한 바다와 같은 우주적 의지에서 비롯된 물방울이고, 그러므로 이러한 물방울이 어떠한 형태를 띠고 어떻게 생겨났다가 어떻게 사라질지를 스스로 결정할 수 있는 것은 아니라고 생각했습니다. 그것은 우주적인 의지에 의해서 이미 정해져 있다고 여겼으니까요.

따라서 쇼펜하우어는 인간의 자유의지를 부정합니다. 다시 말해 인간은 타고난 성격대로 행동할 수밖에 없다는 것입니다. 우리 자신은 우리가 자유롭게 생각하고 행동한다고 자부하지만 사실 우리가 의식하지 못해서 그렇지 우리의 생각과 행동을 결정하는 것은 우리의 성격이라는 것이지요. 이런 맥락에서 쇼펜하우어는 심지어 어떤 사람의 성격과 동기만 알고 있으면 그가 어떤 행동을 할지도 충분히 예측할 수 있다고 봅니다.

예를 들어 내리 사흘을 굶은 상황이라면 강하고 거친 성격을 타고난 사람은 강도짓을 하러 나서겠지만, 자존감이 낮고 의존적인 성격을 타고난 사람은 구걸에 나설 것이라는 것이 그의 주장입니다.

니체 역시 쇼펜하우어와 마찬가지로 자유의지를 부정합니다.

우리는 앞에서 니체가 자유의지의 철학을 단죄의 철학이라고까지 일컫는 것을 보았습니다. 그렇다고 해서 그가 쇼펜하우어처럼 무수한 개체들로 이루어진 현상세계의 근저에 하나의 거대한 통일적인 의지가 물자체物自體로 존재한다고 보면서 각 개체를 그러한 통일적 의지에서 비롯된 물방울과 같은 존재로 간주하는 것은 아닙니다.

니체는 그러한 물자체를 부정함과 동시에 세계는 어디까지나 무수한 개별적인 힘에의 의지들로 이루어져 있되, 그 힘에의 의지들이 무제한적인 자유를 갖고 있는 것은 아니라고 보았습니다.

니체는 힘에의 의지들이 갖는 성격은 이미 상당히 정해져 있다고 여겼습니다. 사자는 사자의 성격을 타고나고 양은 양의 성격을 타고나는 것처럼, 인간도 저마다 서로 다른 성격을 타고납니다. 그러나 그렇다고 해서 니체가 인간을 전적으로 부자유한 존재로 보면서 타고난 성격을 전혀 바꿀 수 없다고 보는 것은 아닙니다.

우리에게는 자신의 성격이나 적성 등을 잘 파악하면서 그것을 거스르지 않고 잘 승화시키고 발전시킬 수 있는 자유가 있다는 것을 니체는 인정합니다. 니체는 우리의 타고난 성격과 소질에 남들이 흉내낼 수 없는 스타일을 부여할 것을 요구합니다.

우리는 저마다 다른 성격과 적성 등을 타고나지만 그에 못지 않게 우리가 겪을 여러 사건들 역시 우리가 마음대로 선택할 수 있는 것은 아닙니다. 그러한 사건들은 무수한 힘에의 의지들이 서로 맞부딪히고 서로 부대끼는 가운데 생겨납니다. 따라서 대부분의 사건들은 우리가 어찌할 수 없는 운명으로 우리에게 다가옵니다. 그러나 우리는 이러한 운명을 자신의 성격과 적성을 긍정적으로 승화시킬 수 있는 방향으로 전환할 수 있습니다.

남의 시선에 사로잡힌
노예가 될 것인가

니체는 전통적인 서양 철학과
종교가 인간을 하나의 획일적인 인간형으로 주조하려 했다고 봅
니다. 그는 그리스도교를 두고 '민중을 위한 플라톤주의'라고 불
렀습니다. 이는 그리스도교가 플라톤처럼 세계를 피안과 차안으
로 나누면서 차안을 가상적인 세계, 피안을 참된 세계로 보고 있지
만 이런 사상을 신화적인 방식으로 개진하고 있기 때문입니다.

다시 말해 이러한 그리스도교와 더불어 플라톤 이래의 이원
론적인 철학은 사람들을 모두 자신의 자연스러운 욕망을 철저히

부정하는 금욕주의자로 만들려 노력했습니다. 니체는 이러한 처사야말로 인간들의 다양성을 보지 못하고 인간을 획일화하려는 지극히 순진한 처사라 생각했습니다.

마지막으로 "인간은 이러이러**해야 한다!**"라고 말하는 것이 얼마나 순진한 처사인지를 생각해보자. 현실에서 우리가 보는 것은 황홀할 정도로 풍부한 전형들, 낭비라고 할 수 있을 정도로 풍성한 형식들의 유희와 변화를 보여준다. 거기에 대고 어떤 불쌍하기 짝이 없는 게으름뱅이 도덕가는 "아니야! 인간은 **달라져야만** 해"라고 말할 것이다. (중략) 주정뱅이며 위선자인 그는 심지어 자신이 어떤 존재가 되어야 하는지도 알고 있다. 그는 자신의 모습을 벽에 그려 놓고 "이 사람을 보라!"라고 말한다. (중략) 그러나 도덕가가 단순히 개개인을 향해서 '그대는 이러이러해야 한다'라고 말할 경우에조차도 그는 여전히 자신을 웃음거리로 만들고 있을 뿐이다. 각 개인은 미래와 과거로부터의 운명이며, 다가올 것과 존재할 모든 것에 대한 하나의 법칙, 하나의 필연성이다. 그러한 개인에게

'달라져라'라고 말하는 것은 모든 것에 대해서, 심지어는 과거의 모든 것에 대해서조차도 달라지라고 하는 것을 의미한다.

이런 의미에서 니체는 플라톤주의와 그리스도교의 이원론적인 도덕은 사람들로 하여금 획일적인 틀에 자신을 끼워 맞추도록 강요하면서 많은 해를 끼쳤다고 봅니다. 사람들은 그러한 틀에 맞추어지지 않는 자신을 악한으로 간주했고 죄책감에 시달렸습니다.

도덕이 삶에 대한 고려나 배려 그리고 삶의 의도에서 비롯되지 **않고** 그 자체로 **단죄하는** 한, 도덕은 동정할 여지가 없는 특수한 오류이며 이루 말할 수 없을 정도로 해를 끼친 **퇴락한 자들의 특이체질이다.**

그러나 이렇게 획일적인 틀에 다양한 인간들을 짜 맞추려 하고 그런 틀에 맞지 않으면 비하하고 단죄하는 현상이 비단 이원론적인 종교나 철학이 지배하는 곳에서만 나타나는 것은 아닙니다. 조선 시대 역시 유교라는 하나의 획일적인 이념의 틀 안에 모든 사람들을 집어넣으려 했고, 근대화된 오늘날의 사회에도 어떤 하나의 획일적인 틀에 사람들을 짜 맞추려는 경향은 여전히 존재합니다.

아이들은 학교에서 하나같이 공부를 잘하는 학생들이 되기를 강요받습니다. 사회에서도 이런 현상은 쉽게 볼 수 있습니다. 사회 각 분야에서 사람들은 성과에 따라 평가되면서 쥐어 짜이고 있으니까요. 이런 현상에 대해 니체는 우리가 사람들의 다양함을 이해하고 그것을 긍정적으로 이용할 줄 알아야 한다고 말합니다.

> (전략) 우리 다른 사람들, 비도덕주의자들은 정반대로 모든 종류의 이해와 파악 그리고 긍정gutheissen에 우리의 가슴을 활짝 열어놓았다. 우리는 쉽게 부정하지 않으며 **긍정하는 자**라는 점에서 명예를 찾는다. 우리는 성직자와 성직자의 병든 이성의 거룩한 무지가 배격하는 그 모든 것을 필요로 하며 이용할 줄 아는 경지에 갈수록 더 눈이 열리게 되었다.

니체는 인간을 교육하는 방법을 길들이는 방식과 길러내는 방식의 두 가지로 크게 나누고 있습니다. 길들이는 방식은 인간을 특정한 틀에 맞추도록 강요하는 것인데, 이런 방식은 인간을 병들게 만들고 위축되게 합니다. 이에 반해 길러내는 방식은 인간의 타고난 소질과 성향을 긍정적으로 발전시키는 방식입니다.

오늘날 한국 사회는 특히 우리 청소년들을 특정 방향으로 길들이려고 합니다. 유치원 때부터 영어교육과 선행학습을 강요하면서 아이들을 공부하는 기계로 만들려는 것이 우리 사회의 현실입니다.

사회와 부모가 아이들을 이렇게 길들이는 과정에서 왜곡되거나 병적인 현상도 수없이 나타나고 있습니다. 많은 청소년들이 삶에 기쁨을 느끼지 못하고 염증을 느끼거나, 자신에 대한 긍지와 자부심을 갖지 못하고 부모님을 만족시키지 못하고 있다는 죄책감, 자신은 별 볼일 없는 존재라는 열패감에 시달리고 있습니다.

니체는 '그대 자신이 되어라'라고 말합니다. 우리는 우리 자신의 성격과 적성 그리고 환경 등을 잘 고려하면서 그것을 긍정적으로 승화시키기 위해 노력해야 합니다. 그러나 이렇게 우리가 우리 자신을 실현하기 위해서는 무엇보다 남의 눈치를 보지 않고 사

는 주체성을 가져야 합니다. 우리는 자신도 모르게 항상 남의 시선과 평가에 신경을 쓰고 남이 무시하지 않을까 걱정하니까요.

우리가 이렇게 남의 평가에 민감한 것은 우리 안에 존재하는 노예근성 때문이라고 니체는 말합니다. 고대 노예제 사회에서 노예는 자기 자신을 주체적으로 평가하지 못했습니다. 노예를 평가할 수 있는 사람은 어디까지나 주인뿐이기 때문입니다. 노예는 주인이 '잘했다'고 칭찬하면 기뻐하고 '못했다'고 지적하면 슬퍼합니다. 남의 시선과 평가에 연연할 때 우리는 자신을 노예의 지위로 하락시키고 있는 셈입니다.

권태는 삶의 방식을
변화시키라는 신호

　　　　　　　　　니체는 우리가 우리 자신이 되기
위해서는 내면의 소리에 귀를 기울여야 한다고 봅니다. 우리 내면
에는 우리를 고양시키고 강화시키려는 힘에의 의지가 작동하고 있
으니 그것에서 비롯되는 소리에 귀를 기울여야 한다는 것입니다.

　　25세의 나이에 고전문헌학 교수가 된 니체는 고전문헌학자로
서 평탄한 삶을 살 수도 있었습니다. 그러나 그는 그 길 대신 철학자
의 길을 택했습니다. 니체는 고전의 정확한 해석에 몰두할 뿐인 고
전문헌학은 창조적인 학문이 될 수 없다고 생각하면서 새로운 가

치를 창조하기 위해서 철학에 매진하고 싶어 했습니다. 10년에 걸친 교수생활 동안 니체는 이런 생각을 줄곧 갖고 있었지만 그것을 결단으로 옮기게 된 결정적인 계기로 작용한 것은 병이었습니다.

　병으로 인해 35세의 나이로 교수직을 사직하게 된 니체는 그 병을 우연한 것으로 보지 않고 자신 속의 참된 자아가 자신이 그동안 살아온 잘못된 삶에 대해서 보인 건강한 반응이라고 봅니다. 니체는 이렇게 말하고 있습니다.

　나는 나 자신에 대해 진정으로 초조한 심정에 사로잡혔다. 나는 다시 나 자신이 되는 것을 생각할 때가 되었다고 느꼈다. 나는 내가 이미 얼마나 많은 시간을 낭비했으며, 나의 진정한 사명에 비추어볼 때 문헌학자로서 나의 삶 전체가 얼마나 보람이 없는가를 갑자기, 무자비할 정도로 명료하게 알아차렸다. 나는 정신적 양식의 공급이 중단되었던 내 인생의 10년을 뒤로하고 있다. 바로 이때, 아주 알맞은 때에, 경탄할 만한 방식으로, 아버지로부터 물려받고, 결국 젊어서 죽게 되어 있는 체질인 불길한 유전이 나를 돕게 되었다.

병은 서서히 나를 주변 환경으로부터 끌어냈다. 그것은 나에게 모든 단절, 즉 격렬하고 위험한 모든 행동을 면하게 해주었다. 병은 습관을 완전히 바꿀 수 있는 권리를 나에게 주었다. 그것은 내가 망각에 빠지도록 허용하고 명령했다. 그것은 나에게 누워 있고, 기다리는 것 이외에 아무것도 하지 않고, 인내하라는 의무를 나에게 부과했던 것이다. 그런데 이것이 바로 이른바 '사유한다'라는 것이다. 나의 눈만으로도 책 냄새를 풍기는 모든 몰두에, 그리고 모든 철학에 종지부를 찍는 데 충분했다. 나는 책으로부터 해방되었다. (중략)
이 내적 자아, 어떤 의미에서 묻혀 있었으며 끊임없이 다른 자아를 듣도록 하여 침묵하도록 강요된 이 자아, 이 내적 자아가 서서히, 수줍어하며, 주저하며 눈을 뜨게 되었고 마침내 다시 말을 하게 되었다.

니체는 우리가 보통 우리 자신과 동일시하는 의식의 이면에 진정한 자기가 있다고 봅니다. 니체가 힘에의 의지라고 부르는 것이 바로 이것입니다.

우리의 내면에는 끊임없이 자신을 고양시키고 강화시키고 싶어 하는 의지가 존재합니다. 이러한 의지는 우리가 피상적인 삶에 자족해 있을 때 병에 걸리게 한다든지 아니면 지금의 삶의 방식에 대해 권태나 허무감에 사로잡히게 함으로써 우리에게 삶의 방식을 변화시키라는 신호를 보낸다는 것입니다. 니체는 이렇게 말하고 있습니다.

감각과 정신은 도구이며 장난감이다. 그것들 뒤에는 여전히 자기das Selbst가 있다. 자기는 감각의 눈으로 찾고, 정신의 귀로 도 듣는다. 자기는 항상 들으며 찾는다. 그것은 비교하고, 강 요하고, 정복하고, 파괴한다. 그것은 지배하며, 또한 자아의 지배자다. 그대의 사상과 감정 뒤에, 나의 형제여, 강한 명령 자, 알려지지 않은 현자가 있다. 그것이 자기라고 일컬어진다.

여기서 저는 제가 고등학교 때 애송했던 헤르만 헤세Hermann Hesse의 시 하나를 인용할까 합니다. 그 시를 책상 위에 붙여놓고 하루에도 몇 번씩 혼자서 낭송했던 기억이 지금도 새롭습니다.

단계

모든 꽃이 시들듯이

청춘이 나이에 굴하듯이

일생의 모든 시기와 지혜와 덕망도

그때그때에 꽃이 피는 것이며

영원히 계속될 수는 없다.

생의 외침을 들을 때마다 마음은

용감히 서러워하지 않고

새로이 다른 속박으로 들어가듯이

이별과 재출발의 각오를 해야 한다.

대개 무슨 일이나 처음에는 이상한 힘이 깃들어 있다.

그것이 우리를 지키며 사는 데 도움이 되는 것이다.

우리는 공간을 명랑하게 하나씩 거닐어야 한다.

어디서나 고향에 대해서와 같은 집착을 느껴서는 안 된다.

우리의 정신은 우리를 구속하려 하지 않고,

우리를 한 단계씩 높여주며 넓혀주려고 한다.

우리 생활권에 뿌리를 박고

정답게 들어 살면 탄력을 잃기가 쉽다.

여행을 떠날 각오가 되어 있는 사람만이

습관의 마비작용에서 벗어나리라.

죽을 때 아마 다시 우리를 새로운 공간으로 돌려보내서

젊게 꽃피워 줄는지도 모른다.

우리를 부르는 생의 외침은 결코 그치는 일이 없으리라 …

그러면 좋아, 마음이여, 작별을 고하고

편히 있으라.

헤세는 여기서 우리를 부르는 생의 외침에 대해서 말하고 있지만, 그것은 니체가 말하는 힘에의 의지라고도 볼 수 있을 것입니다. 우리는 그때마다의 삶의 단계에 안주하지 말고 힘에의 의지가 명하는 대로 그 단계를 미련 없이 명랑하게 뛰어넘어야 합니다. 니체의 다음 말을 인용하면서 이 장을 마칩니다.

'사나이가 되어라! 그리하여 나를 따르지 말고 너 자신을 따르라! 너 자신을!' 우리의 삶도 우리 스스로에 대해 권리를 지녀야 마땅하다! 우리도 또한 자유롭고 두려움 없이, 순진무구한 자기 안에서 자기 자신으로부터 성장하고 꽃을 피워야 한다.

자신의 성격에
스타일을 부여하라

어떻게 우리는 자신을 다시 발견할 수 있는가?
젊은 영혼은 다음과 같은 물음을 던지면서 삶을 되돌아보아야 한다.
지금까지 너는 무엇을 진정으로 사랑했는가?
무엇이 너의 영혼을 높이 끌어올렸는가?

약점조차 눈부신 것으로
만들어라

　　　　　　　　니체는 '그대 자신이 되어라'라
고 말하면서 다른 한편으로는 '자기를 극복하라'라고 이야기합니
다. 언뜻 보기에는 '그대 자신이 되어라'라는 말과 '자기를 극복하
라'라는 말이 서로 모순처럼 여겨질 수 있습니다. 그러나 '그대 자
신이 되어라'라는 말에서의 '그대 자신', 그리고 '자기를 극복하라'
라는 말에서의 '자기'는 서로 상반되는 것입니다.

　　전자의 '그대 자신'은 사회가 요구하는 인간형이 아니라 '자
신의 성격과 소질 등을 승화시킨 참된 자기'를 가리키는 것이라 볼

수 있습니다. 이에 반해 '자기를 극복하라'라는 말에서의 '자기'는 사회가 요구하는 인간형에 영합하려는 거짓된 자신을 가리킵니다. 즉, 진정한 의미의 자기 자신이 되려면 거짓된 자기를 극복해야 한다는 것입니다.

니체는 우리에게 각자의 개성을 살리라고 말하지만, 다른 한편으로는 초인 내지 고귀한 인간이 되라고 말합니다. 각자의 개성을 살린다는 것과 초인 내지 고귀한 인간이 된다는 것 역시 얼핏 생각하면 서로 모순되는 것 같기도 합니다.

초인 내지 고귀한 인간은 사람들이 일반적으로 추구해야 할 이상적이고 보편적인 인간상에 해당하는 반면 개성을 살린다는 것은 그러한 보편적인 인간상과는 대립되는, 각자의 독특한 삶을 추구하는 것으로 여겨지기 때문입니다.

그러나 니체는 '자기 자신이 된다는 것'은 각자가 자신의 타고난 성질대로 사는 것이 아니라 자신의 삶에 하나의 스타일을 부여하는 것이라고 보고 있습니다. 그는 심지어 자신의 성격에 '스타일을 부여하는 것'이야말로 위대하고 희귀한 예술이라고도 이야기합니다.

이렇게 자기의 성격에 스타일을 부여하는 사람은 자신의 본성이 지닌 강점과 약점의 모든 것을 조망하면서 그것들을 하나의 예술적 계획에 따라 변용하는 사람입니다. 그는 그것들이 예술적이고 이성적인 것으로 나타나고, 약점조차 눈을 황홀하게 하는 것이 될 때까지 자신을 다듬는다고 말합니다.

이런 이들은 또한 자신을 끊임없이 단련하면서 제2의 본성을 덧붙이고 제1의 본성 중 일부분을 변용하면서 자신의 성격을 하나의 작품으로 완성합니다. 따라서 '자기 자신이 되는 사람'이란 무엇보다 자기 자신을 통제하고 지배하면서 자신을 일정한 방향으로 길러낼 줄 아는 사람입니다.

니체는 이렇게 자신을 통제하고 지배할 줄 아는 사람을 초인 내지 고귀한 자라고 일컫습니다. 초인 내지 고귀한 자는 자신의 약점이나 자신이 겪은 고통과 고난까지도 자기발전의 계기로 승화시킬 줄 아는 사람입니다.

니체는 이러한 인간만이 진정한 의미에서 다른 사람들에게 명령할 수 있고 다른 사람들을 지배할 수 있다고 봅니다. 이때의 '다른 사람들에게 명령하고 다른 사람들을 지배한다'라는 것은 단순히 자기 멋대로 다른 이들을 다룬다는 것이 아니라, 그들로 하여금 자기 자신을 실현할 수 있도록 도울 수 있다는 것을 의미합니다.

니체는 이렇게 명령할 수 있고 지배하기 위해서는 먼저 자기 자신을 지배할 줄 알아야 한다고 말하고 있습니다. 이때의 자기 자신은 안일하고 자신감도 책임감도 없으며 긍지도 없는 존재이겠지요. 하지만 우리는 보통의 경우 초인이 아니라 안일을 탐하는 말세인으로 살고 있습니다. 따라서 자기극복을 하려면 자기 자신과의 전쟁이 필요합니다. 니체는 이렇게 이야기합니다.

내가 너희에게 권하는 것은 평화가 아니라 승리다. 훌륭한 명분은 전쟁까지도 신성한 것으로 만든다고 너희는 말하려는가? 그러나 나는 말한다. 훌륭한 전쟁은 모든 명분을 신성한 것으로 만든다. (중략) 전쟁을 일으키는 삶을 살도록 하라! 오래 연명하는 삶에 무슨 가치가 있는가?

흔히 니체는 기존의 모든 관습과 도덕을 파괴하고 본능과 욕망의 자유로운 발산을 요구한 사상가로 오해되곤 하지만, 정작 그

는 '모든 위대한 것과 충일한 힘은 끊임없는 자기극복을 통해서 형성된다'라고 말합니다. 더불어 그는 인간이 진실로 원하는 것은 자신이 무엇인가를 성취한 위대한 인간이 되고 충일한 힘을 갖는 것이지 본능과 욕망을 무분별하게 멋대로 충족시키는 것이 아니라고도 말합니다.

그러나 놀라운 사실은 사상 자체에서나 통치, 웅변과 설득, 예술, 윤리 등의 어느 면에서든지 이 지상에서 자유롭고 정교하며 대담하고 춤처럼 경쾌하며 대가다운 확신을 갖춘 것으로서 존재하고 있거나 존재해온 모든 것은 '그러한 자의적인 법칙들의 폭정' 덕분에 비로소 발전해왔다는 것이다. 그리고 진지하게 말해서 '방임'보다는 바로 이러한 폭정이야말로 '자연'이며 '자연적인' 것이다.

또한 니체는 이렇게 자신을 극복한 인간이야말로 아름다운 인간이지만 이러한 아름다움은 타고나는 것이 아니라 획득된 것이라고도 말합니다.

아름다움은 우연이 아니다. — 어떤 종족이나 어떤 가족이 갖는 아름다움, 그들의 모든 품행에서의 우아함과 자애로움 역시 습득된 것이다. 천재와 마찬가지로 아름다움은 여러 세대에 걸쳐서 축적된 작업의 최종 산물이다. 훌륭한 취미를 위해서 사람들은 큰 희생을 치렀음에 틀림없고, 그것을 위해 많은 것을 행하고 많은 것을 포기했음에 틀림이 없다. — 17세기의 프랑스는 이 두 가지 점에서 찬탄할 만하다. — 17세기에는 사교, 주거, 의상, 성적인 만족을 위해서 하나의 선택의 원리를 가졌음에 틀림없으며, 이익, 습관, 의견, 나태보다는 아름다움을 택했을 것임에 틀림없다. 최고의 지침은 혼자 있을 때에도 '자신을 멋대로 두어서는' 안 된다는 것이다.

여기에서 니체가 말하는 아름다움은 힘이 넘치는 우아함과 같은 것을 의미한다고 해야겠습니다. 이러한 아름다움은 꼿꼿한 자세로 앉아 있는 단아한 선비의 모습에서 느껴지는 아름다움과 같을 것입니다.

니체는 또한 여기에서 공교롭게도 동양의 신독愼獨 사상과 유사한 사상을 말하고 있습니다. 신독이란 단순히 홀로 있는 것을 삼가는 것이 아니라 '홀로 있을 때에도 생각과 행동을 바르게 한다'는 것을 의미합니다. 보는 사람 한 명 없이 혼자 있을 때에는 아무래도 생각과 행동이 흐트러지기 쉬운 법이지요.

본능이 건강한
사람이 되는 법

니체는 자기를 극복하기 위해서
는 감정과 생각을 다스리는 것을 넘어서 신체를 다스려야 한다고
이야기합니다. 힘들다고 해서 함부로 눕지 말고 그때마다의 상황
에서 요구되는 적절한 자세를 취할 수 있어야 한다는 것이지요.

단순히 감정과 사상을 훈련하는 것으로는 아무런 효과도 없
다. 가장 먼저 설득시켜야만 하는 것은 바로 **신체**다. 중요하
고 선택된 품행을 엄격하게 견지하는 것, '자신을 되는대로

방치하지' 않는 사람들 사이에서만 살아야 한다는 의무를 지키는 것, 이것들만으로 중요하고 선택된 인물이 되기에 완전히 충분하다.

민족과 인류의 운명과 관련하여 결정적인 것은 도야[Kultur(문화)]를 **올바른** 장소에서 시작하는 것이다. (사제들과 절반쯤 사제인 자들*의 숙명적인 미신이 그랬던 것처럼) '영혼'에서 시작해서는 **안** 된다. 올바른 장소는 신체, 품행, 섭생법攝生法, 생리학이며, **나머지**는 그것으로부터 저절로 따라 나오는 것이다.

　　여기서 니체는 섭생법의 한 예로 카이사르를 들고 있습니다. 카이사르는 병과 두통이 일어나는 것을 막기 위해 엄청난 행군과 지극히 간소한 생활방식, 끊임없는 노천露天 생활 및 지속적인 혹사 등의 방법을 사용했다고 합니다.

※　아리스토텔레스에 의하면 비극의 효과는 주인공의 비극적 운명이 관중의 마음에 두려움과 연민을 불러일으키고 결말에서 이러한 감정을 한꺼번에 폭발시킴으로써 마음속에 쌓여 있던 정념의 응어리를 정화하는 것, 즉 카타르시스에 있다고 보았다.

니체는 이렇게 신체를 엄격하게 단련하고 훈육해야 우리의 영혼이 강해지고 힘으로 충만해질 수 있다고 말합니다. 이렇게 신체를 완전히 우리의 지배 아래 둘 수 있을 때에야 우리는 본능까지 건강하고 기품 있는 자가 될 수 있습니다.

본능이 건강한 사람은 자신뿐 아니라 주위 사람들까지도 건강하게 만드는 행동을 할 수밖에 없습니다. 이런 의미에서 니체는 '모든 좋은 것은 본능이다'라고 이야기합니다. 이렇게 건강한 본능을 가지고 있을 때 우리는 경쾌하고 가벼우며 필연적이고 자유롭게 건강한 행동을 하게 됩니다.

진정으로 자유로운 행동은 자신의 본능적인 욕구에서 필연적으로 경쾌하게 따라 나오는 행동이고, 이 경우 사람들은 '나는 이렇게 할 수밖에 없다'라고 외칩니다. 이렇게 볼 때 '자유로운 행동'의 진정한 의미는 칸트가 말했던 '도덕적인 의무에 따르는 행동'이 아니라 '본능적인 필연성과 하나가 된 행동'입니다.

보고, 생각하고,
쓰는 법을 배워라

니체는 어떤 사람들과 교유交遊하느냐가 고귀한 인간이 되는 데 매우 중요하다고 봅니다. 저열한 사람들이 아닌, 고귀함을 느낄 수 있는 인간들과 교유해야 한다는 것이지요.

더 나아가 그는 우리가 고귀한 인간이 되려면 보는 법과 생각하는 법 그리고 말하고 쓰는 법을 배워야 한다고 말합니다. '보는 법을 배우는 것'에 대해서 니체는 '눈에 평정과 인내의 습관을 부여하는 것'이라고 설명합니다.

다시 말해 성급하게 속단하지 않고 판단을 유보하면서 하나하나의 경우를 모든 측면에서 검토하고 조망하는 법을 배워야 한다는 것입니다. 이렇게 제대로 보려면 자극에 즉각적으로 반응하지 않고 오히려 반응을 자제하면서 결정을 유예시킬 수 있어야 합니다.

이에 반해 천박한 사람들은 자극에 저항할 수 있는 능력이 결여되어 있습니다. 그렇기에 그들은 어떤 자극이 주어지면 자신의 저열한 본능과 충동에 따라서 즉각적으로 반응하지 않을 수 없습니다. 이런 의미에서 니체는 '반응하지 않을 수 없다'라는 것은 많은 경우 이미 병약함과 쇠진의 징후라고 이야기합니다. 하지만 보는 법을 배우게 되면 사람들은 대체로 서두르지 않게 되고, 쉽게 믿지 않게 되며, 낯설고 새로운 것을 접하더라도 우선은 적의를 품은 평정과 함께 그것을 대하게 됩니다.

그다음으로 우리가 배워야 하는 것은 생각하고 쓰는 법인데, 니체는 이것을 '무용을 배우듯' 배워야 한다고 말합니다. 탁월한 무용수는 섬세하고 우아한 몸짓으로 춤을 춥니다. 그런 몸짓 하나하나를 언어로 표현하기는 불가능하지요. 그럼에도 우리가 사유하고 글을 쓸 때에는 사물들이 갖는 섬세한 뉘앙스를 느끼면서 그것을 표현할 줄 알아야 한다는 의미입니다.

니체는 자신이 살던 당시의 교양교육이 '사람들을 변화시키지는 않고 단순히 많은 지식만 주입한다'라며 비판한 적이 있습니다. 그러면서 "내 활동을 키워주지도 않고 내게 직접 활력을 불어넣지도 않으면서 단지 나를 가르치려고만 하는 모든 것을 나는 증오한다"라는 괴테의 말도 인용했지요.

니체는 우리가 그리스 문화를 배우려면 그것에 관한 지식을 쌓는 것을 넘어서, 그리스인들이 어떻게 걷고 어떻게 말했는지를 배우면서 그들처럼 걷고 말하는 법을 배워야 한다고 이야기합니다. 그럴 때에만 그리스 문화에 대한 교육은 사람들을 변화시키는 힘을 가질 수 있다는 것입니다.

이것을 우리 상황으로 옮겨서 말하자면, 우리가 조선 시대의 선비 문화에 대해서 배우려면 당시의 선비들이 어떻게 걷고 어떻게 말했는지를 배워야 한다는 것이라고 할 수 있습니다. 단순히 그 시대의 선비 문화에 대한 잡다한 지식을 쌓는 것은 의미가 없기 때문입니다.

나를 죽이지 않는 것은
나를 더욱 강하게 만든다

니체는 우주의 모든 것들이 서로 연결되어 있다고 보았습니다. 그래서 그는 자신이 말하는 것도 한갓 독백에 지나지 않는 것이 아니라 자기가 속한 어떤 공동체에게 말을 건네는 것처럼 느꼈습니다.

이상한 일은 나의 이야기가 나의 개인적인 이야기만이 아니라는 생각, 다시 말해 이처럼 살아가고, 이처럼 나를 형성해가며, 이처럼 나의 사상을 기록하면서 많은 사람들을 위해 내가 행동하고 있다는 생각에 지배되고 있음을 매 순간 내가 느낀다는 것이다. 나에게는 내가 중대하고 친근한 말을 건네는 하나의 공동체가 있는 것 같은 생각이 항상 든다.

니체가 말을 건네는 공동체가 어떤 공동체인지는 분명합니다. 그것은 모든 인간을 말없이 잘 기능하는 하나의 나사 부품으로 길들이려는 사회에 염증을 느끼는 사람들, 정정당당한 경쟁과 대결이 아니라 온갖 편법을 통해서 쉽게 이득을 취하려는 이들이 들끓는 사회에 대해서 진저리를 내는 사람들의 공동체일 것입니다. 이 글을 읽으시는 분들은 아마 니체가 말을 건네는 이런 공동체에 속하는 분들이겠지요.

그러나 니체의 시각에서 보면 오늘날의 사회는 거대화되고 있는 반면 그 안의 각 개인은 갈수록 왜소해지고 있습니다. 대부분의 현대인들은 사회가 잘 굴러가는 데 필요한 나사 부품이 되는 대가로 안락과 향락을 누릴 수 있는 물자를 받습니다. 또한 자신에게 아무 불상사도 일어나지 않기 바라는 소심한 인간이 되어가고 있습니다. 이러한 인간들이 대부분을 차지하는 오늘날의 현실을 니체는 이렇게 묘사했습니다.

> 대지는 작아졌고, 모든 것을 작게 만드는 '말세인'이 그 위에서 날뛰고 있다.

니체는 이렇게 모든 사람이 소심한 안락에 안주하려는 경향은 생명력을 상실하고 노쇠해져버린 문명에서 나타나는 현상이라고 봅니다. 이러한 노쇠해진 문명에 대해서 니체는 청년다운 패기와 활력이 넘쳤던 그리스 로마의 문명을 내세웁니다. 이에 대해 니체는 다음과 같이 말합니다.

> 중국에서는 어머니들이 자식들에게 일찍부터 이렇게 가르친다. 소심小心하라, 즉 '네 마음을 작게 가져라'라고. 이것은 말기 문명에 나타나는 현상이다. 나는 고대 그리스인들 역시 오늘날의 유럽인들을 볼 때 왜소화를 제일 현저한 특징으로 간취看取해내리라는 사실을 의심하지 않는다. ― 이것만으로도 이미 우리는 그리스인들의 '취미에 반하는' 것이다.

오늘날의 젊은 세대를 일컬어 흔히들 '88만 원 세대'라고 한다지요. 88만 원 세대라는 말을 들으면 월급 88만 원을 받고 쪼그리고 앉아서 자기비하에 빠져 있는 한 젊은이의 모습이 떠오릅니다.

사회는 우리 젊은이들을 88만 원 세대라고 규정하고 동정하지만, 니체는 이러한 동정이야말로 보다 많은 돈을 벌게 되면 그것으로 만족하면서 돈에 연연해하는 인간으로 젊은이들을 비하하는 것이라 할 것입니다.

니체라면 동정하지 않고 이렇게 외치겠지요. 돈에 연연하지 말고 온 열정을 다 바쳐 그대가 정말 하고 싶은 것을 하라고. 그리고 어떠한 곤경이 와도 그것을 자기 성장의 발판으로 삼으면서 흔쾌하게 받아들이라고. 그리하여 니체 자신이 말을 건네는 공동체에 속하여 이 세계를 변혁하라고.

외형상으로는 짧지만 길다면 길 수도 있는 이 책을 끝까지 읽어주셔서 감사합니다. 글을 쓰는 사람으로서는 다른 이들이 자신의 책을 읽어준다는 것만으로도 매우 감사할 따름입니다. 저는 이 책을 통해서 온갖 질병에 끊임없이 시달리면서도 자신의 운명을

긍정하고 사랑했던 니체라는 사나이가 설파하고자 했던 건강한
삶의 모습을 분명하게 보여주고 싶었습니다. 그 모습이 조금이라
도 보였는지요? 니체의 유명한 말 하나를 인용하면서 이 글을 마
칩니다.

나를 죽이지 않는 것은 나를 더욱 강하게 만든다.

참고문헌

Friedrich Nietzsche, *Also sprach Zarathustra*, Nietzsche Werke, Kritische
　　Gesamtausgabe Ⅵ-1, Berlin, 1968.

Friedrich Nietzsche, *Der Wille zur Macht*, Stuttgart, Alfred Kröner Verlag, 1952.

Friedrich Nietzsche, *Götzen-Dämmerung*, Nietzsche Werke, Kritische
　　Gesamtausgabe, Ⅵ-3, Berlin, 1969.

Friedrich Nietzsche, *Jenseits von Gut und Böse*, Nietzsche Werke, Kritische
　　Gesamtausgabe,Ⅵ-2, Berlin, 1968.

Friedrich Nietzsche, *Zur Genealogie der Moral*, Nietzsche Werke, Kritische
　　Gesamtausgabe, Ⅵ-2, Berlin, 1968.

프리드리히 니체, 김미기 옮김,《인간적인 너무나 인간적인 I, II》, 책세상, 2001.

프리드리히 니체, 박찬국 옮김,《비극의 탄생》, 아카넷, 2007.

프리드리히 니체, 박찬국 옮김,《아침놀》, 책세상, 2004.

프리드리히 니체, 안성찬·홍사현 옮김,《즐거운 학문》, 책세상, 2005.

프리드리히 니체, 임수길 옮김,《반시대적 고찰》, 청하, 1982.

KI신서 7904

사는 게 힘드냐고 니체가 물었다

1판 1쇄 발행 2014년 10월 20일
1판 15쇄 발행 2024년 11월 19일

지은이 박찬국
펴낸이 김영곤
펴낸곳 ㈜북이십일 21세기북스

서가명강팀장 강지은 **서가명강팀** 강효원 서윤아
디자인 THIS-COVER **본문일러스트** 이유림
출판마케팅팀 한충희 남정한 나은경 최명렬 한경화
영업팀 변유경 김영남 강경남 황성진 김도연 권채영 전연우 최유성
제작팀 이영민 권경민

출판등록 2000년 5월 6일 제406-2003-061호
주소 (10881)경기도 파주시 회동길 201(문발동)
대표전화 031-955-2100 **팩스** 031-955-2151 **이메일** book21@book21.co.kr

(주)북이십일 경계를 허무는 콘텐츠 리더

21세기북스 채널에서 도서 정보와 다양한 영상자료, 이벤트를 만나세요!
페이스북 facebook.com/jiinpill21   포스트 post.naver.com/21c_editors
인스타그램 instagram.com/jiinpill21   홈페이지 www.book21.com
유튜브 youtube.com/book21pub
서울대 가지 않아도 들을 수 있는 **명강**의! 〈서가명강〉
유튜브, 네이버, 팟캐스트에서 '서가명강'을 검색해보세요!

ⓒ 박찬국, 2018
ISBN 978-89-509-7851-8 03100